21 Heróis Negros inspiradores

A vida de Realizadores Importantes do século XX: Martin Luther King Jr, Malcolm X, Bob Marley e outros (Livro Biográfico para jovens e adultos)

Por Student Press Books

Tabela de Conteúdos

Introdução

Conheça os heróis negros extraordinários do século XX - biografias voltadas para as idade de 12 anos ou mais.

Bem-vindo à série História da Negritude, que nesta obra lhe introduz aos negros importantes do século XX. Este livro, 21 Heróis Negros Inspiradores, apresenta biografias interessantes de negros inovadores da América, África e Europa.

Todos já ouvimos falar de Nelson Mandela e de Martin Luther King, mas quantas pessoas conhecem a história de Steve Biko? Aprenda sobre estes e outros heróis negros anônimos do século XX por meio deste livro cativante...

Usufrua desta coletânea de 21 histórias fascinantes sobre a vida de alguns dos mais inspiradores indivíduos negros do século 20. Quer você esteja procurando inspiração ou esteja apenas curioso, este livro traz ensinamentos para todos.

As gerações mais jovens farão uma leitura emocionante e descobrirão como estes homens passaram por tanta coisa para mudar suas vidas e carreiras ao se educar enquanto superavam as adversidades ao longo do caminho. As gerações mais velhas podem refletir sobre suas lutas lendo sobre as provações que estas pessoas enfrentaram!

Este livro da série História da Negritude inclui:

- Biografias fascinantes - Leia sobre ícones famosos, influentes e inspiradores como Jesse Owens, Patrice Lumumba e Jackie Robinson ou sobre inovadores menos conhecidos, como Kofi Annan e James Farmer.
- Retratos vívidos - Traga estes Heróis Negros à vida em sua imaginação com a ajuda de fotos ou ilustrações estimulantes.

Sobre a série: A série História da Negritude da Editora Student Press Books apresenta novas perspectivas sobre os Heróis Negros que vão inspirar os jovens leitores a perceber sua posição em uma sociedade cada vez mais diversificada. Quem será sua próxima fonte de inspiração?

O livro 21 Heróis Negros Inspiradores vai além de outros livros de biografias sobre empoderamento negro uma vez que destaca tal tópico e traz a história de pessoas de todo o mundo.

Seu Presente

Você tem um livro em suas mãos.

Não é um livro qualquer, é um livro de livros para a imprensa estudantil! Nós escrevemos sobre os heróis negros, a capacitação das mulheres, mitologia, filosofia, história, e outros assuntos interessantes!

Desde que você comprou um livro, queremos que você tenha outro de graça.

Tudo o que você precisa é um endereço de e-mail e a possibilidade de assinar nossa newsletter (o que significa que você pode cancelar a inscrição a qualquer momento).

Então, do que você está esperando? Inscreva-se hoje e reclame seu livro gratuito imediatamente! Tudo o que você precisa fazer é visitar o link abaixo e digitar seu endereço de e-mail. Você receberá o link para baixar a versão em PDF do livro imediatamente para que possa ser lido offline a qualquer momento.

E não se preocupe - não há taxas de captura ou escondidas; apenas um bom brinde à moda antiga de nós aqui na Student Press Books.

Visite este link agora mesmo e inscreva-se para receber seu exemplar gratuito de um de nossos livros!

Link: https://campsite.bio/studentpressbooks

Benjamin O. Davis Jr. (1912-2002)

General e comandante da Força Aérea Americana

"Os privilégios de ser um americano pertencem àqueles corajosos o suficiente para lutar por eles".

Em algum momento, Benjamin Oliver Davis, Jr., foi o oficial afro-americano de mais alta patente no exército dos Estados Unidos. Ele foi o primeiro afro-americano a se formar em West Point no século 20, e o fez com honras, terminando em 35º lugar em 276 em sua classe.

Benjamin Oliver Davis, Jr. nasceu em Washington, D.C., em 18 de dezembro de 1912. O filho de Benjamin Oliver Davis, Sr., o primeiro general afro-americano do Exército dos Estados Unidos, Benjamin Junior cresceu no Alabama e em Cleveland, Ohio.

Davis foi presidente de sua turma do ensino médio. O jovem Davis estudou na Western Reserve University (agora Case Western Reserve University) em Ohio e na University of Chicago em Illinois antes de entrar na Academia Militar dos Estados Unidos em West Point, Nova York, em 1932.

Benjamin Oliver Davis, Jr. foi recusado pelo clube de oficiais durante sua primeira missão em Fort Benning, Geórgia, mas mais tarde comandou o esquadrão de caças todo negro 99th, a pedido da administração Roosevelt. Davis organizou e liderou o 332º Grupo de Caças em 1943. (os pilotos de Tuskegee).

Durante a Segunda Guerra Mundial, Davis voou 60 missões e foi premiado com a Estrela de Prata. Em 1944, ele havia conquistado o posto de coronel e, em 1954, tornou-se o primeiro general afro-americano na história da Força Aérea dos Estados Unidos.

Davis foi promovido a tenente-general em 1965 e foi Diretor de Segurança da Aviação Civil e Secretário Assistente para Segurança Ambiental e Assuntos do Consumidor no Departamento de Transportes. A última missão de Davis antes de se aposentar foi como chefe de pessoal das forças dos Estados Unidos na Coréia e chefe de pessoal da Comissão das Nações Unidas na Coréia.

A autobiografia de Davis foi publicada em 1991. Ela deu um novo olhar sobre as relações raciais no exército dos Estados Unidos. Benjamin Oliver Davis, Jr. morreu em 4 de julho de 2002, em Washington, D.C.

Destaques

- Benjamin Oliver Davis, Jr. foi piloto, oficial e administrador que se tornou o primeiro general afro-americano na Força Aérea Americana.
- Seu pai, Benjamin O. Davis, Sr., foi o primeiro afro-americano a tornar-se general em qualquer ramo das forças armadas americanas.
- Ao final da guerra, o próprio Davis havia voado 60 missões de combate e havia sido promovido a coronel.

- Benjamin O. Davis, Jr., americano, sua autobiografia publicada em 1991, relata sua carreira.

Questões de pesquisa

---

1. Como Benjamin Oliver Davis, Jr. se tornou um oficial?
2. Será que eles fariam um drama incrível na TV sobre sua vida, programa ou biografia?
3. Qual é seu filme favorito sobre guerra ou serviço militar?
4. Quais são alguns equívocos que você ouviu em relação aos soldados negros depois da Segunda Guerra Mundial?

Thurgood Marshall (1908-1993)

Juiz da Suprema Corte dos Estados Unidos

Cada um de vocês, como indivíduo, deve escolher seus próprios objetivos. Ouçam os outros, mas não se tornem um seguidor cego. "

O advogado norte-americano Thurgood Marshall tornou-se o primeiro juiz afro-americano da Suprema Corte dos Estados Unidos. Como advogado e mais tarde como juiz, ele foi um defensor franco dos direitos civis.

Marshall nasceu em Baltimore, Maryland, em 2 de julho de 1908. Ele freqüentou a Universidade de Lincoln e se formou primeiro em sua turma na Faculdade de Direito da Universidade de Howard em 1933. Ele iniciou sua prática privada em Baltimore antes de se juntar à equipe jurídica da

Associação Nacional para o Progresso das Pessoas de Cor (NAACP) em 1936, onde se especializou em casos de direitos civis.

Thurgood Marshall tornou-se seu principal conselheiro em 1938. Dos 32 casos que Marshall apresentou perante a Suprema Corte, ele ganhou 29. Sua vitória mais notável veio com Brown vs. Conselho de Educação de Topeka (1954), no qual a Suprema Corte derrubou a política "separada, mas igualitária" que havia sido usada para justificar a segregação racial nas escolas públicas.

Marshall serviu mais tarde como juiz de um tribunal de apelação dos EUA de 1962 a 1965 e como solicitador geral dos EUA de 1965 a 1967, sobre o qual o Presidente Lyndon B. Johnson o nomeou juiz associado da Suprema Corte.

Como um juiz liberal da Suprema Corte, Marshall era conhecido por atacar a discriminação, opor-se à pena de morte e defender a liberdade de expressão e as liberdades civis. Ele se aposentou da bancada em 1991. Marshall morreu em Bethesda, Maryland, em 24 de janeiro de 1993.

Destaques

- Como advogado, ele argumentou com sucesso perante a Corte o caso Brown vs. Conselho de Educação de Topeka (1954), que declarou inconstitucional a segregação racial nas escolas públicas americanas.
- O Presidente Lyndon B. Johnson nomeou Marshall Procurador-Geral dos EUA em julho de 1965 e o nomeou para a Suprema Corte em 13 de junho de 1967; a nomeação de Marshall foi confirmada (1969-2011) pelo Senado dos EUA em 30 de agosto de 1967.
- Marshall serviu na Suprema Corte por ter passado por um período de grandes mudanças ideológicas.

Questões de pesquisa

---

1. Como você acha que Thurgood Marshall teria reagido quando descobriu que foi nomeado como o primeiro juiz negro da Suprema Corte?
2. As pessoas ficaram desapontadas porque esperavam mais de Thurgood?
3. Que conselho você pode dar à nossa geração de ativistas e futuros líderes lá fora que podem querer seguir seus passos ou se tornar o que quiserem, independentemente de sua raça, de sua aparência, de onde são, ou quão educados eles são?

Malcolm X (1925-1965)

Líder muçulmano americano

"Um homem que não representa nada, cairá por qualquer coisa".

Militante negro, Malcolm X defendeu os direitos dos afro-americanos e os exortou a desenvolver a unidade racial. Ele era conhecido por sua associação primeiro com a Nação do Islã, às vezes conhecida como os muçulmanos negros, e depois com a Organização de Unidade Afro-Americana, que ele fundou após romper com a Nação do Islã.

Malcolm Little nasceu em Omaha, Nebraska, em 19 de maio de 1925, o sétimo de 11 crianças. A família logo se mudou para Lansing, Michigan. Lá eles foram molestados por brancos que se ressentiam da visão nacionalista negra do pai, Earl Little, um organizador do movimento "de volta à África" de Marcus Garvey.

Quando Malcolm tinha seis anos, seu pai foi assassinado. Sua mãe sofreu mais tarde um colapso nervoso, e a família foi separada por agências assistenciais. Mais tarde em sua vida, Malcolm chegou a acreditar que os brancos haviam destruído sua família.

Colocado em uma série de escolas e internatos, Malcolm tornou-se um ótimo estudante e sonhava em se tornar um advogado. Um professor, no entanto, disse-lhe que por ser negro, ele deveria aprender carpintaria. Desanimado, ele deixou a escola após a oitava série para viver com um parente em Boston, Massachusetts.

Malcolm engraxava sapatos e trabalhava em uma fonte de refrigerante, em um restaurante e em uma equipe de cozinha da ferrovia. Em 1942, ele se mudou para a seção Black Harlem da cidade de Nova York. Ele vivia como um trapaceiro, trapaceando para ganhar dinheiro. Ele tinha cuidado com a polícia. Um traficante, ele mesmo vendia drogas e se tornou um viciado. Perseguido por um trapaceiro rival, ele voltou para Boston, onde organizou um anel de arrombamento. Em 1946 ele foi mandado para a prisão por roubo.

Enquanto servia na prisão, Malcolm adotou a forma de Islã praticada por um grupo que mais tarde ficou conhecido como a Nação do Islã. Eles enfatizaram a conduta ética com outros afro-americanos, mas ensinaram que os brancos eram "demônios". Libertado da prisão em 1952, Malcolm se juntou a seu irmão mais novo em Detroit, Michigan. Malcolm substituiu seu sobrenome por um X para simbolizar seu perdido "verdadeiro nome de família africano". Este era um costume entre os seguidores da Nação do Islã que consideravam que seus nomes de família eram originários de escravos brancos.

Malcolm X logo se tornou um participante ativo na Nação do Islã. Ele ajudou o líder nacional, Elijah Muhammad, iniciando muitos novos grupos muçulmanos em todos os Estados Unidos. Seu sucesso como recrutador foi resultado de sua habilidade como orador, pois ele trabalhou para incutir orgulho racial em seus ouvintes negros e relatou os sofrimentos dos negros sob o domínio branco. Em 1954 ele retornou a Nova York para se tornar ministro do importante templo Harlem. Em 1957 ele fundou o jornal muçulmano Muhammad Speaks.

No início dos anos 60, a Nação do Islã tinha se tornado conhecida nacionalmente. Malcolm X era seu ministro nacional mais eficaz e seu porta-voz mais reconhecido. Ele era cada vez mais ignorado, porém, por muçulmanos negros que o acusavam de buscar a glória pessoal.

Em 1963 Malcolm X foi oficialmente silenciado por sua observação de que o assassinato do Presidente John F. Kennedy era um caso de "galinhas voltando para casa para se empoleirar". Elijah Muhammad o suspendeu do movimento.

Em 1964, Malcolm X rompeu completamente com a Nação do Islã e começou a construir sua própria Organização de Unidade Afro-Americana (OAAU). Ele fez o hajj, ou peregrinação a Meca, Arábia Saudita, para aprender sobre o "verdadeiro Islã". Impressionado pela comunhão que observava entre peregrinos de todas as cores, Malcolm X chegou a acreditar que os brancos, como os negros, eram vítimas de uma sociedade racista. Ele pensava que o Islã poderia algum dia unir pessoas de todas as raças. Depois do hajj ele adotou o nome el-Hajj Malik el-Shabazz.

Durante viagens posteriores a nações africanas, onde foi homenageado por seus estadistas, Malcolm X começou a defender o pan-africanismo. Ele acreditava que os negros em todo o mundo deveriam se unir para combater o racismo.

Durante o inverno de 1964-1965, Malcolm X recebeu várias ameaças de morte, e sua casa foi bombardeada. Em 21 de fevereiro de 1965, enquanto falava em um comício da OAAU em Harlem, ele foi baleado e morto. Três membros da Nação do Islã foram condenados pelo assassinato.

A morte de Malcolm X entristeceu tanto os brancos quanto os negros que admiraram seu incansável esforço para construir o orgulho negro e que compartilharam suas esperanças de que todas as raças pudessem um dia se unir em fraternidade. Malcolm X deixou sua esposa, Betty Shabazz, com quem havia se casado em 1958. Eles tiveram seis filhas.

A autobiografia de Malcolm X, publicada postumamente em 1965, foi escrita por Alex Haley, autor de Roots. O livro foi baseado em muitas entrevistas que Haley havia conduzido com Malcolm X pouco antes de seu assassinato.

Em 1992, o diretor Spike Lee lançou o filme Malcolm X, estrelado por Denzel Washington no papel de título. O popular mas controverso filme reavivou o interesse pelo líder assassinado, especialmente entre os jovens afro-americanos.

Destaques

- Malcolm X, nome original Malcolm Little, nome muçulmano el-Hajj Malik el-Shabazz, foi um líder afro-americano e figura de destaque na Nação do Islã que articulou conceitos de orgulho racial e nacionalismo negro no início dos anos 60.
- Depois de sua libertação da prisão, Malcolm ajudou a liderar a Nação do Islã durante o período de seu maior crescimento e influência.
- Após seu assassinato, a ampla distribuição de sua história de vida - a Autobiografia de Malcolm X (1965) - fez dele um herói ideológico, especialmente entre a juventude negra.

Questões de pesquisa

---

1. O que você pensa sobre a transformação de Malcolm X de criminoso em líder do Movimento dos Direitos Civis?
2. Qual você acha que teve o maior impacto - sua mensagem ou suas ações? Por quê?
3. Como podemos garantir que tal figura divisória não seja esquecida ou deturpada no mundo de hoje?
4. Você acha que é hora de mais heróis negros em nossa sociedade?

Jackie Robinson (1919-1972)

Jogador de beisebol americano

"Acima de qualquer outra coisa, detesto perder".

"*Uma vida não é importante, exceto pelo impacto que tem sobre outras vidas",* lê a lápide de Jackie Robinson, o primeiro atleta afro-americano a jogar nas principais ligas do beisebol no século 20. Ao quebrar a barreira da cor em 1947, Robinson deu grandes passos não só para os atletas negros, mas também para todos os que se preocupam com a justiça racial.

Jack Roosevelt Robinson nasceu em 31 de janeiro de 1919, no Cairo, Geórgia, mas cresceu em Pasadena, Califórnia. Depois de demonstrar excepcional habilidade atlética durante o ensino médio e a faculdade de juniores, ele se destacou no beisebol, futebol, basquete e pista da

Universidade da Califórnia em Los Angeles (UCLA) e tornou-se o primeiro aluno da escola a ganhar quatro letras em um ano.

Robinson deixou a UCLA em 1941 e jogou brevemente futebol profissional antes de ser convocado para o Exército dos Estados Unidos. Durante seu serviço, ele se recusou a sentar na traseira de um ônibus e foi ameaçado com uma corte marcial, mas as acusações foram retiradas e ele recebeu uma dispensa honrosa em 1945.

Enquanto jogava beisebol para os Monarcas de Kansas City na Liga Nacional Negra, Robinson chamou a atenção de um olheiro para os Dodgers do Brooklyn (agora Los Angeles) e foi levado à atenção do presidente da equipe, Branch Rickey. A liga principal de beisebol estava fechada para jogadores negros na época. Rickey pensou que isso estava errado e queria encontrar alguém que pudesse integrar com sucesso o esporte. Após conhecer Robinson e ficar impressionado com sua coragem e sua habilidade, Rickey o contratou em 23 de outubro de 1945 para jogar pelo time AAA dos Dodgers em Montreal. Durante a temporada de 1946, Robinson bateu .349 com o clube agrícola e levou o time à vitória na Little World Series.

Jackie Robinson fez sua estréia na liga principal em abril de 1947. O principal problema que ele teve que superar foi controlar seu temperamento ardente diante das contínuas ofensas raciais da multidão e de outros jogadores de bola, incluindo alguns de seus próprios companheiros de equipe.

Robinson não quebrou sua promessa a Rickey de permanecer em silêncio, embora os lançadores às vezes o atiravam deliberadamente, hotéis em jogos fora de casa muitas vezes não o acomodavam, e ele e sua família recebiam ameaças de morte. Jackie Robinson, ao invés disso, deixou que suas ações falassem ao bater .297 e liderar a Liga Nacional em bases roubadas. Ele foi escolhido o novato do ano no final da temporada.

A média de .342 de Jackie Robinson fez dele o campeão de rebatidas da liga e o jogador mais valioso em 1949. Durante sua carreira, que ele passou principalmente como segundo base, Robinson ajudou os Dodgers a capturar seis galhardetes da Liga Nacional e um título da World Series.

Jackie Robinson se aposentou em 1956 com uma média de 0,311 batimentos vitalícios e 197 bases totais roubadas. Os Dodgers mais tarde aposentaram sua camisa número 42. Quando ele foi eleito para o Hall da Fama do Beisebol em 1962, ele foi o primeiro jogador negro a ser tão honrado.

Depois que Jackie Robinson deixou o beisebol, ele perseguiu interesses comerciais enquanto continuava a trabalhar em prol dos direitos civis. Diabetes e problemas cardíacos atormentaram sua vida posterior, e ele morreu em 24 de outubro de 1972, em Stamford, Connecticut. Sua esposa criou a Fundação Jackie Robinson no ano seguinte para fornecer bolsas de estudo para minorias. Em 1997, a liga principal de beisebol realizou uma comemoração de temporada marcando o 50º aniversário de sua histórica estréia.

Destaques

- Jackie Robinson, byname de Jack Roosevelt Robinson, foi o primeiro jogador de beisebol preto a jogar nas ligas principais americanas durante o século 20.
- Em 15 de abril de 1947, Robinson quebrou a "linha de cores" de décadas da Liga Principal de Beisebol quando apareceu em campo para a Liga Nacional Brooklyn Dodgers.
- Em 1942 ele entrou para o Exército dos EUA e freqüentou a escola de candidatos a oficial; foi nomeado segundo tenente em 1943.
- Sua autobiografia, I Never Had It Made, foi publicada em 1972.

1. Qual é a sua coisa favorita sobre Jackie Robinson?
2. Como Jackie Robinson mudou a Liga Principal de Beisebol?
3. Além de ser jogador de beisebol, o que mais Robinson fez pela sociedade e em nível pessoal?

Jesse Owens (1913-1980)

Atleta afro-americano de atletismo

"Todos nós temos sonhos. Para que os sonhos se tornem realidade, é preciso muita determinação, dedicação, autodisciplina e esforço".

Os Jogos Olímpicos de 1936 foram realizados em Berlim, Alemanha, sob os auspícios do novo regime nazista. Era intenção de Adolf Hitler usar os jogos para demonstrar o que ele acreditava ser a superioridade da raça ariana, ou branca. Este objetivo foi seriamente comprometido quando um atleta afro-americano chamado Jesse Owens ganhou quatro medalhas de ouro em provas de atletismo.

James Cleveland Owens nasceu em Oakville, Alabama, em setembro. 12, 1913. No início da década de 1920, sua família mudou-se para Cleveland, Ohio, em busca de melhores oportunidades econômicas e educacionais. Ele estabeleceu seus primeiros recordes no salto em altura e no salto largo de corrida enquanto aluno da Escola de Ensino Médio Fairmount Junior em 1928.

Jesse tornou-se uma estrela das pistas de atletismo no ensino médio e, ao final de seu último ano, bateu três recordes nacionais interescolares no encontro nacional escolar em Chicago. Ele se matriculou na Universidade Estadual de Ohio em setembro de 1933 e teve uma notável carreira nas pistas de atletismo lá. Em um dia - 25 de maio de 1935 - durante um encontro da Big Ten na Universidade de Michigan, Owens igualou o recorde mundial para o traço de 100 jardas (9,4 segundos) e estabeleceu novos recordes mundiais para o traço de 220 jardas (20,3 segundos), os obstáculos de 220 jardas (22,6 segundos) e o salto largo de corrida (26 pés 8 1/4 polegadas, ou 8,13 metros).

Em Berlim, Owens estabeleceu um amplo recorde de salto que durou 25 anos. Ele também empatou o recorde olímpico para a corrida de 100 metros (10,3 segundos) e estabeleceu um novo recorde mundial na corrida de 200 metros (20,7 segundos).

Após seu triunfo olímpico, Owens se formou em 1937 e trabalhou por vários anos para a Comissão Atlética de Illinois. Ele deixou a comissão em 1955 e fez viagens de boa vontade à Índia e ao Extremo Oriente para o Departamento de Estado. Owens faleceu em Phoenix, Arizona, em 31 de março de 1980.

Destaques

- Jesse Owens, byname de James Cleveland Owens foi um atleta americano de atletismo que estabeleceu um recorde mundial no salto em distância (também chamado salto em distância) que se manteve durante 25 anos e que ganhou quatro medalhas de ouro nos Jogos Olímpicos de 1936 em Berlim.
- Suas quatro vitórias olímpicas foram um golpe na intenção de Adolf Hitler de usar os Jogos para demonstrar a superioridade ariana.

- Em 1976 Owens recebeu a Medalha Presidencial da Liberdade, e em 1990 foi condecorado postumamente com a Medalha de Ouro do Congresso.

Questões de pesquisa

---

1. Qual sua opinião sobre a história de vida de Jesse Owens?
2. Você já ouviu falar da história olímpica da Alemanha e das Olimpíadas nazistas?
3. Suponha que você estivesse em uma sala com Adolf Hitler neste momento em particular, o que você diria a ele?

Bobby Seale (nascido em 1936)

Ativista político americano, co-fundador do Partido Pantera Negra

"Não odiamos ninguém por causa de sua cor. Odiamos a opressão"!

O ativista político **afro-americano** Bobby Seale foi o fundador, juntamente com **Huey Newton**, e presidente nacional do Partido Pantera Negra. Seale fez parte de uma geração de jovens radicais afro-americanos que se separaram do **movimento de direitos civis** tradicionalmente não violentos para pregar uma doutrina de empoderamento dos negros militantes. Após a demissão das acusações de assassinato contra ele em 1971, Seale moderou um pouco suas opiniões mais militantes e dedicou seu tempo para efetuar mudanças a partir de dentro do sistema.

Robert Seale nasceu em 22 de outubro de 1936, em Dallas, Texas, e cresceu em Dallas e na Califórnia. Após serviço na Força Aérea Americana, ele entrou no Merritt College, em Oakland, Califórnia. Lá, seu radicalismo criou raízes em 1962, quando ouviu Malcolm X falar pela primeira vez. Seale ajudou a fundar os Panteras Negras em 1966. Notados por suas opiniões violentas, os Panteras Negras também dirigiam clínicas médicas e serviam cafés da manhã gratuitos para crianças em idade escolar, entre outros programas.

Em 1969, Seale foi indiciado em Chicago, Illinois, por conspiração para incitar tumultos durante a convenção nacional democrata do ano anterior. O tribunal recusou-se a permitir que ele tivesse sua escolha de advogado. Quando Seale se levantou repetidamente para insistir que lhe estava sendo negado seu direito constitucional a um advogado, o juiz ordenou que ele fosse amarrado e amordaçado. Ele foi condenado a 16 acusações de desprezo e condenado a quatro anos de prisão. Em 1970-71 ele e um co-réu foram julgados pelo assassinato de 1969 de um Pantera Negra suspeito de ser um informante da polícia. O julgamento de seis meses de duração terminou com um júri suspenso.

Após sua libertação da prisão, Seale renunciou à violência como um meio para atingir um fim e anunciou sua intenção de trabalhar dentro do processo político. Ele concorreu para prefeito de Oakland em 1973, terminando em segundo lugar. Com o desaparecimento do Partido Pantera Negra do ponto de vista público, Seale assumiu um papel mais silencioso, trabalhando para melhorar os serviços sociais nos bairros negros e para melhorar o meio ambiente. Os escritos de Seale incluem obras tão diversas como SEIZE THE TIME (1970), uma história do movimento Pantera Negra, e BARBEQUE'N COM BOBBY (1988), um livro de receitas.

Destaques

- Bobby Seale fazia parte de uma geração de jovens radicais afro-americanos que se separaram do movimento de direitos civis tradicionalmente não-violentos para pregar uma doutrina de empoderamento dos negros militantes.
- Após serviço na Força Aérea Americana, Bobby Seale entrou no Merritt College, em Oakland, Califórnia, onde seu radicalismo se enraizou em 1962, quando ouviu Malcolm X falar pela primeira vez.

- Bobby Seale concorreu para prefeito de Oakland em 1973, terminando em segundo lugar.
- À medida que o Partido Pantera Negra desapareceu da vista do público, Seale assumiu um papel mais silencioso, trabalhando para melhorar os serviços sociais nos bairros negros e para melhorar o meio ambiente.

Questões de pesquisa

---

1) O que você pensa sobre os ideais de festa do Pantera Negra?
2) Qual é seu sistema político favorito e por que é uma democracia?
3) Qual foi a importância de Bobby Seale para a capacitação dos negros?

Patrice Lumumba (1925-1961)

Primeiro Primeiro Primeiro Ministro da República Democrática

independente

"Ninguém é perfeito neste mundo imperfeito".

O primeiro primeiro primeiro-ministro da República Democrática do Congo, Patrice Lumumba ocupou o cargo por menos de três meses e foi assassinado por seus oponentes quatro meses após ter sido expulso do cargo. Lumumba é reverenciado como um herói nacional por sua coragem e ambições.

Patrice Lumumba nasceu em Onalua, no Congo belga, em 2 de julho de 1925. Ele não conseguiu completar seus estudos antes de se estabelecer em Léopoldville, hoje Kinshasa, e se tornar um funcionário de correios. Enquanto lá ele se tornou ativo no movimento sindical e no Partido Liberal Belga.

Em 1956 Patrice Lumumba foi condenada por desvio de fundos dos correios e encarcerada por 12 meses. Libertado, ele se tornou vendedor, mas foi apanhado pelos movimentos nacionalistas que estavam surgindo na África. Em 1958, ele fundou o Movimento Nacional Congolês. Quando a Bélgica concedeu sua independência ao Congo em 30 de junho de 1960, seu partido recebeu o maior número de cadeiras na legislatura, e ele se tornou primeiro-ministro sob o presidente Joseph Kasavubu, um rival político.

No primeiro ano de independência, a nova nação estava em constante tumulto. O exército era rebelde e a província de Katanga se separou. Os esforços de Lumumba para resolver as crises não tiveram sucesso e, em 5 de setembro de 1960, Kasavubu o demitiu do cargo. Lumumba contestou a mudança, e durante meses cada um alegou chefiar o governo legal. Em dezembro, ele foi capturado pelas forças de Kasavubu.

Um mês depois, Lumumba foi entregue ao regime secessionista do Katanga. Ele foi assassinado em poucas horas após a transferência. Embora as circunstâncias de sua morte nunca tenham sido adequadamente explicadas, algumas teorias apontavam para seu sucessor, Joseph Mobutu, enquanto outras sugeriam que a Agência Central de Inteligência dos Estados Unidos estava por trás do assassinato.

Entretanto, um relatório divulgado pelo governo belga em novembro de 2001 reconheceu que seu país havia desempenhado um papel no assassinato de Lumumba. Em fevereiro de 2002, o governo belga pediu formalmente desculpas à família de Lumumba.

Destaques

- Patrice Lumumba, em sua totalidade Patrice Hemery Lumumba era um líder nacionalista africano, o primeiro primeiro primeiro-ministro da República Democrática do Congo (junho-setembro de 1960).
- Ele era a favor de um Congo unitário e contra a divisão do país segundo linhas étnicas ou regionais.
- Ele proclamou seu regime de "neutralidade positiva", que ele definiu como um retorno aos valores africanos e rejeição de qualquer ideologia importada, incluindo a da União Soviética.

Questões de pesquisa

1. Você acha que Patrice Lumumba realizou o que ele se propôs a fazer? Será que ele cumpriu suas promessas? O que você acha que pode ter dado errado?
2. Por que você acha que ele é um herói?
3. Por que celebramos o Mês da História Negra em fevereiro?

James Meredith (nascido em 1933)

Ativista e autor americano dos direitos civis

"Os brancos liberais são os maiores inimigos dos afro-americanos".

Em 1962 James Meredith fez história como o primeiro afro-americano a se matricular na Universidade do Mississippi. Seu registro na universidade só de brancos incorreu na ira tanto de funcionários estaduais quanto de multidões locais anti-desegregação, forçando o governo dos Estados Unidos a fornecer tropas federais para proteção. Embora ele tenha se tornado ativo no movimento de direitos civis durante os anos imediatamente após deixar a escola, Meredith tornou-se cada vez mais conservador à medida que o movimento se radicalizou nos anos 70.

James Howard Meredith nasceu em 25 de junho de 1933, em Kosciusko, senhorita, em uma família na qual a educação e os valores tradicionais eram muito reverenciados. Após o ensino médio, Meredith alistou-se na Força Aérea Americana, servindo de 1951 a 1960. Após sua alta, Meredith matriculou-se na Jackson State College (hoje Jackson State University) em Jackson, Miss. Naquela época, o Estado de Jackson, como todas as escolas do Mississippi, era segregado, com matrículas restritas aos afro-americanos.

Em 1961, James Meredith se candidatou à Universidade Branca do Mississippi como estudante de transferência. Após sua candidatura ter sido rejeitada duas vezes, ele apelou à Associação Nacional para o Progresso das Pessoas de Cor (NAACP) e seu secretário de campo local, Medgar Evers, para obter assistência. Uma queixa de discriminação racial foi apresentada em tribunal, mas foi rejeitada.

Após um ano de recursos interpostos por advogados da NAACP em nome de Meredith, a decisão do tribunal foi revertida pela Suprema Corte dos EUA, que decidiu em 10 de setembro de 1962 que James Meredith tinha o direito de freqüentar a universidade.

Apesar da decisão federal em nome de Meredith, funcionários estaduais juraram bloquear a entrada de Meredith na universidade. Dez dias após a decisão da Suprema Corte, Meredith tentou se inscrever para as aulas, mas foi impedida pelo governador do Mississippi, Ross Barnett, que apareceu pessoalmente para impedir sua entrada. A ação de Barnett obteve o apoio de multidões de espectadores anti-desegregação, assim como a atenção da mídia nacional.

Durante a semana seguinte, Meredith, acompanhada por marechais federais, tentou repetidamente se registrar em vários locais do campus. Cada vez ele era bloqueado por autoridades estaduais. Este desrespeito flagrante a uma decisão federal por autoridades estaduais, juntamente com a crescente ameaça de ação violenta da máfia, levou o Presidente John Kennedy e o Procurador Geral Robert Kennedy, em 30 de setembro, a ordenar que mais de 500 oficiais federais escoltassem Meredith até o campus.

Poucas horas após sua chegada, uma multidão se formou e começou a se revoltar, atacando os guardas com tijolos, coquetéis molotov e armas. Kennedy rapidamente ordenou em mais 16.000 tropas federais que enfrentassem a máfia, que eventualmente cresceu para quase 2.000. As tropas, sob ordens de não atirar, usaram gás lacrimogêneo para reprimir os tumultos que se seguiram. No final do dia, a ordem foi restaurada, mas não sem um grande custo - duas pessoas haviam sido mortas e mais 160 ficaram feridas, incluindo 28 marechais que foram baleados por pessoas nas multidões.

No dia seguinte, mais uma vez acompanhado por marechais federais, James Meredith foi registrado na universidade. Durante o restante de seu tempo lá, um pequeno número de tropas federais permaneceu no campus para protegê-lo.

O tempo de Meredith na Universidade do Mississippi foi relativamente breve. Ele se formou em 1963 e tornou-se ativo nos esforços locais de direitos civis. Em 5 de junho de 1966, ele começou uma caminhada de Memphis, Tennessee, até Jackson, num esforço para protestar contra o racismo e encorajar os afro-americanos a se registrar para votar. No segundo dia da "Marcha Contra o Medo", como foi chamada, Meredith foi baleada por um franco-atirador. Ele foi hospitalizado, e a marcha foi continuada por vários líderes-chave dos direitos civis, incluindo o Dr. Martin Luther King, Jr., Floyd McKissick do Congresso de Igualdade Racial (CORE), e Stokely Carmichael (que mais tarde mudou seu nome para Kwame Toure).

James Meredith voltou a participar da marcha em 24 de junho e, dois dias depois, ela foi concluída em um comício em Jackson. A marcha foi bem sucedida tanto na conscientização do problema do racismo quanto no incentivo ao registro de eleitores - estima-se que 4.000 novos eleitores afro-americanos foram registrados no Mississippi durante o curso da marcha.

Meredith se matriculou na Faculdade de Direito da Universidade de Columbia, em Nova York, da qual se formou em Direito em 1968. Nos anos seguintes, Meredith ficou cada vez mais angustiado com o que ele via como a crescente militância dos movimentos de direitos civis e do Poder Negro.

James Meredith trabalhou em várias empresas e se distanciou cada vez mais da política afro-americana. Um ardente opositor da ação afirmativa, Meredith recebeu fortes críticas dos líderes afro-americanos e liberais quando escolheu, em 1989, trabalhar para o altamente conservador e controverso Senador Jesse Helms da Carolina do Norte.

James Meredith escreveu vários livros sobre suas impressões do movimento dos direitos civis no início, incluindo Three Years in Mississippi (1966) e Mississippi: Um volume de Onze Livros (1995).

Destaques

- James Meredith é um ativista americano de direitos civis que ganhou renome nacional em um momento chave do movimento de direitos civis em 1962, quando se tornou o primeiro estudante afro-americano na Universidade do Mississippi.
- Suas repetidas solicitações à Universidade do Mississippi foram negadas somente com base em sua raça, de acordo com o veredicto de sua batalha judicial de 1961-1962, que foi ganha em recurso com a assistência jurídica da Associação Nacional para o Progresso das Pessoas de Cor (NAACP).
- O mandato de Meredith no Mississippi foi breve; ele se formou em 1963.
- O documentário Walk Against Fear: James Meredith apareceu em 2020.

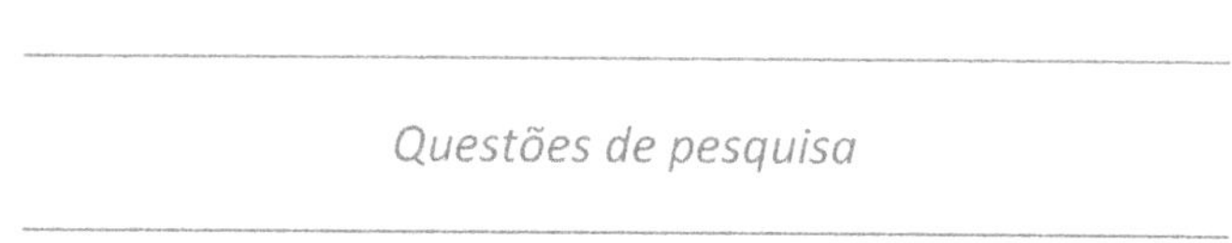

1. O que você pensa sobre as realizações dele?
2. Se as pessoas conhecessem melhor os Estados Unidos, o que aprenderiam sobre isso que talvez não saibam agora?

Ralph Abernathy (1926-1990)

Pastor americano e líder dos direitos civis

"Os cristãos devem estar prontos para uma mudança porque Jesus foi o maior transformador da história". "

O pastor americano e líder dos direitos civis Ralph David Abernathy foi o principal assessor e associado mais próximo de Martin Luther King, Jr., durante o movimento dos direitos civis dos anos 50 e 60. Abernathy foi co-fundador, juntamente com King, da Conferência de Liderança Cristã do Sul (SCLC), que procurou coordenar e ajudar as organizações locais que trabalham pela plena igualdade dos afro-americanos em todos os aspectos da América.

Abernathy nasceu em 11 de março de 1926, em Linden, Alabama. Filho de um agricultor de sucesso, foi ordenado ministro batista em 1948. Em 1950

Abernathy se formou com um bacharelado em matemática pela Universidade Estadual do Alabama, e em 1951 obteve um mestrado em sociologia pela Universidade de Atlanta. Posteriormente, tornou-se pastor da Primeira Igreja Batista em Montgomery, Alabama, e conheceu King alguns anos depois, quando este último se tornou pastor de outra igreja batista na mesma cidade. Em 1955-56, os dois homens organizaram um boicote de cidadãos negros do sistema de ônibus públicos de Montgomery que forçou a dessegregação racial do sistema em 1956. Este boicote não-violento marcou o início do movimento de direitos civis que iria dessegregar a sociedade americana durante as duas décadas seguintes.

King e Abernathy continuaram sua estreita colaboração enquanto o movimento de direitos civis ganhava força, e em 1957 fundaram a Conferência de Liderança Cristã do Sul (com King como presidente e Abernathy como secretário-tesoureiro).

Em 1961, Ralph David Abernathy transferiu suas atividades religiosas para Atlanta, Geórgia, e naquele ano foi nomeado vice-presidente em grande parte da SCLC. Ele continuou como assessor principal do rei e conselheiro mais próximo até o assassinato do rei em 1968, época em que Abernathy o sucedeu como presidente da SCLC. Abernathy dirigiu essa organização até sua demissão em 1977, após o que retomou seu trabalho como pastor de uma igreja batista em Atlanta.

A autobiografia de Ralph David Abernathy, "And the Walls Came Tumbling Down", apareceu em 1989. Abernathy morreu em 17 de abril de 1990, em Atlanta.

Destaques

- Ralph David Abernathy, foi um pastor negro americano e líder dos direitos civis que foi o assessor principal de Martin Luther King e o associado mais próximo durante o movimento dos direitos civis dos anos 50 e 60.
- King e Abernathy continuaram sua estreita colaboração enquanto o movimento de direitos civis ganhava impulso, e em 1957 fundaram a Conferência de Liderança Cristã do Sul (SCLC; com King como presidente e Abernathy como secretário-tesoureiro)

para organizar a luta não violenta contra a segregação em todo o Sul.

- Ele continuou como assessor principal do Rei e conselheiro mais próximo até o assassinato do Rei em 1968, quando Abernathy o sucedeu como presidente da SCLC.
- Ele dirigiu essa organização até sua demissão em 1977, após o que retomou seu trabalho como pastor de uma igreja batista em Atlanta.

Questões de pesquisa

---

1. Por que mais Ralph Abernathy é conhecido?
2. Qual é uma grande conquista que você acha que Abernathy teve e sobre a qual todos nós deveríamos saber?
3. Por que você acha que é importante para nós lembrá-lo como um herói digno de estudo?
4. Se as crianças biraciais não recebem as informações de que precisam sobre heróis como Ralph, o que acontecerá quando lhes perguntarem por que as aulas de história não lhes estão dizendo essas coisas?

Jesse Jackson (nascido em 1941)

Ministro e ativista americano

"Nunca olhe para baixo para ninguém a menos que você esteja ajudando-o a subir. "

O primeiro afro-americano a buscar uma indicação para a presidência dos EUA, o líder dos direitos civis Jesse Jackson se estabeleceu como uma força política dominante durante os anos 80. Um orador público altamente articulado e dinâmico, ele é conhecido por sua apaixonada defesa do empoderamento, da paz e da justiça social.

Jesse Jackson fundou organizações como a Operação PUSH (People United to Save Humanity) e a National Rainbow Coalition e é amplamente reconhecido como um embaixador internacional da paz.

Jesse Louis Jackson nasceu em Greenville, S.C., em 8 de outubro de 1941, e foi criado por sua mãe e padrasto. Excelente estudante e atleta, ele recebeu uma bolsa de estudos de futebol para a Universidade de Illinois. Mais tarde ele se transferiu para o Colégio Agrícola e Técnico da Carolina do Norte, onde se tornou ativo no movimento dos direitos civis. Após graduar-se em 1964 com um bacharelado em sociologia, Jackson prosseguiu com o trabalho de pós-graduação no Seminário Teológico de Chicago.

No ano seguinte, porém, Jesse Jackson suspendeu seus estudos a fim de se juntar à Conferência de Liderança Cristã do Sul (SCLC) sob Martin Luther King, Jr., em sua batalha para fazer avançar o movimento dos direitos civis. Pouco tempo depois, King nomeou Jackson como diretor da Operação Breadbasket da SCLC em Chicago, uma organização dedicada a ajudar os afro-americanos a encontrar empregos e outros serviços.

Enquanto servia na organização, Jackson foi ordenado ministro batista em 1968. Em 1971 Jackson fundou a Operação PUSH em Chicago, uma organização de auto-ajuda que continuou o trabalho da Operação Breadbasket, encorajando afro-americanos e pessoas carentes a se tornarem economicamente capacitados e ajudando a abrir mais oportunidades para eles no emprego, negócios e educação.

Ao longo de sua carreira, Jesse Jackson demonstrou sua dedicação aos jovens, fazendo ampla campanha pela educação e contra o abuso de drogas e gangues, com seu famoso slogan: "Eu sou alguém". No final dos anos 70, ele fundou o PUSH-Excel, um programa motivacional voltado para ajudar crianças e adolescentes carentes a terem sucesso na escola.

Um negociador poderoso, Jackson também se envolveu em assuntos externos, trabalhando pela paz e justiça em uma escala internacional. Em 1979 ele viajou para a África do Sul para falar contra o apartheid - um sistema opressivo no qual a maioria africana não tinha os mesmos direitos e privilégios que a minoria não africana. Em 1984 ele obteve a liberdade do piloto da Marinha dos EUA, tenente Robert Goodman, cujo avião foi abatido sobre o Líbano.

Mais tarde naquele ano, Jackson viajou para Cuba, onde conseguiu a liberdade para 48 prisioneiros cubanos e cubano-americanos. Em 1990 Jackson se encontrou com Saddam Hussein no Iraque e o persuadiu a libertar os reféns americanos capturados durante a invasão do Kuwait pelo Iraque. Ele retornou a Cuba em 1994 para se encontrar com Fidel Castro e foi enviado em uma missão de paz à Nigéria no final daquele ano pelo presidente Bill Clinton.

Em 1997 Jesse Jackson foi nomeado como enviado especial do Presidente e Secretário de Estado para a Promoção da Democracia na África pelo Presidente Clinton e pela Secretária de Estado Madeleine Albright. Jackson também viajou para Belgrado, Iugoslávia, em 1999, onde convenceu o Presidente Slobodan Milošević a libertar três prisioneiros de guerra dos EUA que foram capturados durante a guerra em Kosovo.

O destaque de Jackson como figura internacional teve uma poderosa influência sobre a comunidade afro-americana. Esta influência foi fundamental para seu esforço de registro de eleitores, o que ajudou a eleger o primeiro prefeito afro-americano de Chicago, Harold Washington, em abril de 1983.

Jesse Jackson mostrou ainda mais sua habilidade como político em 1984, quando ele abriu novos caminhos ao fazer campanha para a indicação presidencial democrata. Com uma base política ainda mais forte, ele fez campanha para a indicação novamente em 1988 quando, de sete candidatos, ele terminou um forte segundo lugar. Pouco depois das eleições de 1984, Jackson lançou a Coligação Nacional Arco-Íris, sediada em Washington, D.C.

Jackson usou esta organização como um veículo de lobby para o fortalecimento político, mudanças nas políticas públicas, aumento dos direitos de voto, mais programas sociais para os pobres e deficientes, redução de impostos para os pobres, e igualdade de direitos para afro-americanos, minorias, mulheres, homossexuais e outras pessoas oprimidas.

Em 1989, Jackson mudou sua residência oficial de Chicago para Washington, D.C., onde se acreditava que ele se candidataria a prefeito. Em vez disso, ele foi eleito em 1990 para o cargo de senador estadual, um cargo de lobby criado pelo conselho municipal de Washington, D.C., em apoio a um projeto de lei que concederia o estatuto de estado ao distrito. Em 1996 Jackson voltou a Chicago e a Operação PUSH e a National

Rainbow Coalition fundiram-se em uma organização - a Rainbow/PUSH Coalition - que prosseguiu o trabalho de ambas as organizações.

Por sua dedicação ao movimento dos direitos civis e sua promoção da paz mundial e da justiça social, Jackson recebeu várias honrarias. Em 1991, o Serviço Postal dos Estados Unidos colocou a imagem de Jackson em um selo de cancelamento, tornando-o apenas a segunda pessoa viva na história dos Estados Unidos a ser tão honrada. Jackson recebeu o Prêmio Martin Luther King, Jr., pela Paz Não-Violenta em 1993 e recebeu a Medalha Presidencial da Liberdade em 2000 pelo Presidente Clinton.

Jesse Jackson também recebeu mais de 40 doutorados honorários e obteve o título de mestre em divindade do Seminário Teológico de Chicago em 2000.

Destaques

- Jesse Jackson, nome original Jesse Louis Burns é um líder americano de direitos civis, ministro batista e político cujas candidaturas à presidência dos EUA (nas eleições de 1983-84 e 1987-88 do Partido Democrata) foram as mais bem sucedidas por um afro-americano até 2008, quando Barack Obama capturou a indicação presidencial democrata.
- Enquanto era estudante universitário, Jackson se envolveu no movimento de direitos civis.
- Nos anos 80, Jackson tornou-se um dos principais porta-vozes nacionais e defensor dos afro-americanos.

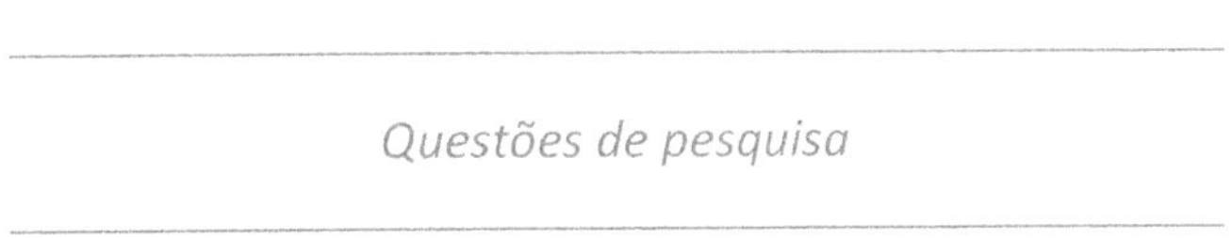

1. Qual foi seu momento mais memorável?
2. Por que ele é um herói para algumas pessoas, mas não para outras?
3. Qual é o significado e a história por trás de seu nome?

James Lawson (nascido em 1928)

Ministro americano e ativista dos direitos civis

"Nosso país é um país aprisionado, embutido, viciado na mitologia da violência".

O ministro americano e ativista dos direitos civis James Lawson foi fundamental na fundação do Comitê de Coordenação Estudantil Não-Violenta (SNCC). A organização desempenhou um papel fundamental no movimento dos direitos civis dos anos 60. Muitos ativistas de direitos civis e acadêmicos creditam Lawson pelo desenvolvimento da estratégia não-violenta do movimento.

James Morris Lawson, Jr., nasceu em 22 de setembro de 1928, em Uniontown, Pennsylvania, mas cresceu em Ohio. Seu pai e avô eram ministros metodistas, e Lawson obteve a licença de pregador em 1947.

James Lawson então obteve o bacharelado da Baldwin-Wallace College em Berea, Ohio, em 1951. Enquanto estava lá, ele se juntou à Fellowship of Reconciliation (FOR), a organização de paz mais antiga do país. Durante esse período, Lawson estudou os ensinamentos de não-violência do líder indiano Mahatma Gandhi e do ministro negro Howard Thurman. Em 1951 Lawson foi condenado à prisão por se recusar a se registrar para lutar na Guerra da Coréia por causa de suas crenças pacifistas.

Após a libertação de Lawson da prisão em 1952, ele viajou para a Índia. Lá ele trabalhou como ministro e professor no Hislop College em Nagpur. Ele passou um tempo conversando com pessoas que haviam trabalhado com Gandhi e renovou seu estudo sobre o uso da não-violência por parte de Gandhi.

Ao mesmo tempo, James Lawson estava profundamente interessado no crescente movimento de direitos civis não violentos nos Estados Unidos. Ele seguiu particularmente o boicote dos ônibus de Montgomery. Durante o boicote, ativistas de direitos civis e seus apoiadores organizaram um protesto em massa não violento contra o sistema de ônibus de Montgomery, Alabama, por seu tratamento injusto do povo negro. Lawson voltou para os Estados Unidos em 1956. Posteriormente, ele continuou seus estudos na Escola de Teologia do Oberlin College, em Ohio.

Lawson conheceu Martin Luther King, Jr., em 1957. King sugeriu que Lawson se mudasse para o Sul e ensinasse as estratégias de não-violência aos membros do movimento de direitos civis. Lawson mudou-se posteriormente para Nashville, Tennessee. Lá ele trabalhou para a FOR e se matriculou na Universidade de Vanderbilt. Ele começou ensinando oficinas sobre a não-violência para membros da comunidade e estudantes.

Em fevereiro de 1960, Lawson e outros ativistas encenaram a primeira concentração em balcões de almoço segregados racialmente em Nashville. Durante os sit-ins, os afro-americanos sentavam-se pacificamente nos balcões de almoço designados como "somente brancos", mesmo depois que o pessoal se recusasse a servi-los. Os líderes da cidade de Nashville acabaram concordando em desegregar alguns balcões de almoço depois que mais de 150 manifestantes foram presos. Os afro-americanos começaram a organizar concentrações em todo o Sul. Em março, funcionários de Vanderbilt expulsaram Lawson por causa de seu trabalho no movimento de dessegregação de Nashville. Mais tarde naquele ano, ele obteve o bacharelado em teologia sagrada pela Universidade de Boston.

Em abril de 1960, os líderes dos sit-ins e outros ativistas de direitos civis se reuniram em Raleigh, Carolina do Norte, e fundaram o SNCC inter-racial. Lawson foi co-autor da declaração de propósito, que estabeleceu a filosofia não violenta e religiosa do grupo.

Lawson esteve envolvido no SNCC até 1964 e foi membro da Conferência de Liderança Cristã do Sul (SCLC) de 1960 a 1967. O SCLC ajudou organizações que lutavam pela igualdade afro-americana. Os historiadores reconhecem Lawson como o principal professor nos princípios da não-violência tanto para os membros do SNCC quanto para os do SCLC.

Em 1973 Lawson tornou-se um membro do conselho da SCLC. Ele foi presidente do capítulo de Los Angeles, Califórnia, de 1979 a 1993. Ele também serviu como pastor da Igreja Metodista Holman em Los Angeles de 1974 a 1999. Mesmo depois de sua aposentadoria como pastor, Lawson continuou ativo no movimento de não-violência.

Em 2011, o Centro Internacional sobre Conflitos Não Violentos (ICNC) nomeou um prêmio em homenagem à Lawson. Todos os anos a organização apresenta o James Lawson Award for Achievement in the Practice, Study, or Reporting of Nonviolent Conflict. O ICNC também iniciou o Instituto James Lawson em 2013. É um evento anual de vários dias que recebe workshops e seminários de palestrantes, incluindo Lawson, sobre resistência não-violenta. Em 2018, a Universidade Vanderbilt nomeou uma bolsa de estudos em sua homenagem. No ano seguinte, Lawson foi empossado no Hall da Fama da Califórnia.

Destaques

- O ministro americano e ativista dos direitos civis James Lawson foi fundamental para a fundação do Comitê de Coordenação Estudantil Não Violento (SNCC), uma organização que desempenhou um papel fundamental no movimento dos direitos civis dos anos 60.
- Lawson foi co-autor da declaração de objetivo, que estabeleceu a filosofia não violenta e religiosa do grupo.
- Os historiadores reconhecem Lawson como o professor líder nos princípios da não-violência tanto para os membros do SNCC quanto para os membros do SCLC.

Questões de pesquisa

---

1. O que você pensa sobre como pessoas poderosas (ou grupos historicamente superiores) ainda podem cometer erros e ainda ser líderes fortes? '
2. Como foi iniciado e organizado o sit-in?

Kwame Nkrumah (1909-1972)

Primeiro Primeiro Primeiro Ministro e Presidente de Gana

"Eu não sou africano porque nasci na África, mas porque a África nasceu em mim".

Um dos líderes destacados nas lutas africanas contra o colonialismo nos anos 50 foi Kwame Nkrumah. Ele se tornou o primeiro presidente de Gana independente e mais tarde estabeleceu uma ditadura de partido único.

Nkrumah nasceu em Nkroful, Costa de Ouro, em setembro de 1909. Graduou-se no Achimota College em 1930 e lecionou em escolas católicas romanas e em um seminário. Seu interesse pela religião foi desviado pela política do nacionalismo africano, por volta de 1934. Ele foi para os Estados Unidos em 1935 e estudou na Universidade Lincoln na Pensilvânia.

Após a graduação em 1939, Nkrumah obteve o mestrado em Lincoln e na Universidade da Pensilvânia. Politicamente, Nkrumah era um marxista-socialista. Depois de estudar na London School of Economics, Nkrumah voltou para casa em 1947 e tornou-se porta-voz na Convenção da Costa de Ouro para trabalhar pelo autogoverno. Em 1950 ele iniciou um programa de não-cooperação não-violenta contra o domínio britânico.

Em 1951 Nkrumah foi eleito para o Parlamento, e em 1952 ele se tornou primeiro-ministro. Quando a Costa de Ouro e o Togoland Britânico se tornaram independentes como a nação de Gana em 1957, seu partido controlou a legislatura.

Em 1960 Kwame Nkrumah foi nomeado presidente e em 1964 tornou-se presidente vitalício. Seu governo, que durou até que um golpe militar o depôs em 24 de fevereiro de 1966, foi autoritário, e suas políticas econômicas foram um fracasso total. Nkrumah exilou-se na Guiné e morreu em Bucareste, Romênia, em 27 de abril de 1972.

Destaques

- Kwame Nkrumah foi um líder nacionalista ganense que liderou a campanha da Costa do Ouro pela independência da Grã-Bretanha e presidiu seu surgimento como a nova nação de Gana.
- Ele liderou o país desde a independência, em 1957, até ser derrubado por um golpe de Estado em 1966.
- Sua administração se envolveu em magníficos, mas muitas vezes ruinosos, projetos de desenvolvimento, de modo que um país outrora próspero ficou aleijado com a dívida externa.

Questões de pesquisa

---

1. Quais são algumas coisas que foram populares e tiveram sucesso em Gana durante a época em que Kwame Nkrumah foi presidente?
2. Qual era seu principal objetivo em Gana?
3. Por que ele é considerado um herói por muitos na África de hoje?

Bayard Rustin (1912-1987)

Ativista dos **direitos civis** americanos

"Ter medo é comportar-se como se a verdade não fosse verdadeira"...

O ativista americano de direitos civis Bayard Rustin assumiu um papel ativo na luta pela igualdade racial. Ele não concordava com a segregação racial e acreditava na agitação pacifista. Rustin foi o principal organizador da Marcha de 1963 em Washington, uma manifestação maciça para reunir apoio à legislação de direitos civis que estava pendente no Congresso.

Rustin nasceu em 17 de março de 1910, em West Chester, Pennsylvania. Depois de terminar o ensino médio, ele realizou biscates e viajou muito. Durante este período ele também recebeu cinco anos de estudos universitários no City College de Nova Iorque (em Nova Iorque) e em outras instituições, mas Rustin nunca completou um diploma. De 1941 a 1953 ele trabalhou para a Fellowship of Reconciliation, uma organização religiosa não denominacional. Simultaneamente, em 1941, Rustin organizou a filial de Nova Iorque de outro grupo reformista, o Congresso para a Igualdade Racial.

Nos anos 50, Rustin tornou-se um conselheiro próximo do líder de direitos civis Martin Luther King, Jr., e ele foi o principal organizador da Conferência de Liderança Cristã do Sul do King. Em agosto de 1963, Rustin ajudou a organizar a Marcha em Washington, que reuniu um grupo inter-racial de mais de 200.000 pessoas para exigir justiça igual para todos os cidadãos sob a lei.

Em 1964, Rustin dirigiu um boicote estudantil de um dia às escolas públicas da cidade de Nova York em protesto contra os desequilíbrios raciais nesse sistema. Posteriormente, foi presidente do Instituto A. Philip Randolph, uma organização de direitos civis da cidade de Nova York, de 1966 a 1979. Rustin morreu em 24 de agosto de 1987, em Nova York. Em 2013 ele foi condecorado postumamente com a Medalha Presidencial da Liberdade.

Destaques

- Bayard Rustin foi um ativista americano de direitos civis que foi conselheiro de Martin Luther King, Jr., e que foi o principal organizador da Marcha em Washington em 1963.
- Ele trabalhou para a Fellowship of Reconciliation, uma organização religiosa não denominacional, de 1941 a 1953, e organizou a filial de Nova Iorque de outro grupo reformista, o Congresso sobre Igualdade Racial, em 1941.
- Em 1953 Rustin, que era homossexual, foi preso na Califórnia depois de ter sido descoberto fazendo sexo com um homem. Ele cumpriu 50 dias de prisão e foi registrado como um agressor sexual.

- Em 2020, Rustin foi indultado por sua condenação de 1953.

Questões de pesquisa

---

1. Como você se sente ao saber que alguém que influenciou tanto em tantos aspectos de sua vida pode ter sido em grande parte esquecido pelos livros de história?
2. Há tanta tensão entre as estratégias de Bayard para a não-violência e a resistência de Malcolm X ao confronto físico... quem você acha que foi mais eficaz em fazer passar sua mensagem?
3. Que outros tipos de novas coalizões você acha que precisamos para que pessoas de diferentes comunidades/indústrias trabalhem juntas para a mudança social de hoje?

Steve Biko (1946-1977)

Líder político sul-africano

"Ou você está vivo e orgulhoso ou está morto, e quando você está morto, não pode se importar de qualquer forma".

Como ativista de direitos civis nos anos 60 e 70, o sul-africano Steve Biko é considerado o pai da consciência negra, uma filosofia que ele descreveu como "autoconfiança psicológica negra". Ele redefiniu o movimento de direitos civis sul-africano ao encorajar os negros a obterem uma nova consciência de sua auto-estima e dignidade humana inerentes. Steve Biko ganhou um seguimento nacional na África do Sul por seus apelos eloqüentes e apaixonados pela autonomia política e cultural dos negros na África do Sul.

Bantu Stephen ("Steve") Biko nasceu em 18 de dezembro de 1946, na Cidade do Rei Guilherme, África do Sul. Seu pai morreu quando ele tinha 4 anos de idade. Biko começou a lutar contra o apartheid, o sistema de segregação racial e discriminação da África do Sul, em idade precoce. Depois de ser expulso da Lovedale High School por suas atividades políticas, ele freqüentou o Colégio São Francisco.

Steve Biko se formou em 1966. Biko então se matriculou na faculdade de medicina da Universidade de Natal. Ele se envolveu cada vez mais na política, no entanto, e nunca terminou seu curso de medicina.

Durante seus anos de faculdade, Biko foi um membro ativo da União Nacional de Estudantes Sul-Africanos (NUSAS), mas rompeu com a organização liberal liderada pelos brancos em 1968. Em sua opinião, o objetivo dos líderes brancos de conseguir a admissão de negros em instituições brancas sempre colocaria os negros em uma posição de inferioridade.

Steve Biko acreditava que a sociedade sul-africana precisava ser completamente reestruturada em torno das culturas e interesses da maioria, não simplesmente reformada para permitir a participação de negros.

Ao sair da NUSAS, Biko formou a Organização Sul-Africana de Estudantes (SASO). O grupo organizou os estudantes em torno da filosofia da consciência negra. Identificou dois níveis de opressão do apartheid - as forças externas que submetiam os negros à injustiça econômica e social, e a interiorização da sujeição, que fazia com que os negros se sentissem e agissem de forma inferior aos brancos. Biko foi eleito primeiro presidente da SASO em 1969. Em 1972, ele ajudou a fundar outro grupo ativista, a Convenção dos Povos Negros (BPC).

Em março de 1973, Biko e outros sete líderes da SASO foram proibidos de viajar, falar em público, escrever para publicação ou reunir-se com mais de um não-membro da família de cada vez. Biko continuou a escrever artigos e fazer discursos, entretanto, e fundou a filial do Cabo Oriental do BPC enquanto estava sob a proibição.

Biko foi acusado pela legislação de segurança muitas vezes, mas nunca foi condenado. Em 1976, ele foi preso por 101 dias e foi libertado sem ser acusado. Em 18 de agosto de 1977, Biko foi novamente preso. Menos de quatro semanas depois, em 11 de setembro, Biko foi encontrado nu, algemado e sem identificação, fora de um hospital em Pretória, a cerca de 700 milhas (1.100 quilômetros) de Port Elizabeth. Ele morreu sob custódia no dia seguinte de uma enorme hemorragia cerebral.

Durante uma investigação inicial sobre a morte de Biko, a polícia negou quaisquer maus-tratos a Biko. Eles insistiram que Biko, durante sua prisão, tinha se enfurecido e infligido os ferimentos a si mesmo, atirando seu corpo contra uma parede. Embora a polícia tenha tentado esconder o corpo de Biko, sua esposa, Nontsikelelo Mashalaba, encontrou o corpo. Fotografias do corpo revelaram que ele provavelmente tinha sido severamente espancado enquanto estava sob custódia. Na época, os oficiais que tinham acesso a Biko foram ilibados de qualquer delito.

Em janeiro de 1997, uma nova luz foi lançada sobre a morte de Steve Biko quando cinco ex-policiais confessaram tê-lo assassinado. As confissões foram feitas à Comissão de Verdade e Reconciliação da África do Sul, que ofereceu ao grupo anistia política em troca de fornecer provas de outros crimes cometidos durante o período de segregação racial. Representantes da comissão, que foi encarregada de conduzir investigações sobre crimes da era do apartheid, recusaram-se a revelar ou as identidades ou o número exato dos agentes policiais sob exame.

Em 1999, a comissão decidiu que a anistia não seria concedida. A vida e a morte de Steve Biko foram eloqüentemente retratadas no livro Biko de 1977, um livro de memórias escrito pelo amigo de Biko, o jornalista sul-africano Donald Woods. O livro foi posteriormente adaptado para o filme Cry Freedom (1987).

Destaques

- Steve Biko, em pleno Bantu Stephen Biko foi o fundador do Movimento Consciência Negra na África do Sul.
- Inicialmente, a polícia negou quaisquer maus-tratos a Biko; posteriormente foi determinado que ele provavelmente havia sido severamente espancado enquanto estava sob custódia, mas os policiais envolvidos foram ilibados de qualquer delito.
- Sua morte por ferimentos sofridos enquanto estava sob custódia policial fez dele um mártir internacional do nacionalismo negro sul-africano.

Questões de pesquisa

1. Quais são alguns fatos interessantes sobre Steve Biko que a maioria das pessoas não conhece?
2. Biko cumpriu seus objetivos e sonhos? Se sim, como ele o fez?
3. Se Steve Biko estivesse vivo hoje, o que você perguntaria a ele?

Nelson Mandela (1918-2013)

Presidente da África do Sul

"Não me julgue pelo meu sucesso, julgue-me pelo número de vezes que caí e voltei a me levantar".

Em janeiro de 1990, Nelson Mandela estava cumprindo seu 27º ano como prisioneiro político na África do Sul. Ele foi libertado no mês seguinte, e em abril de 1994 foi eleito presidente do país. Mandela era um líder na luta contra o sistema oficial de segregação e discriminação contra a maioria não-branca do país contra o apartheid na África do Sul.

Nelson Mandela tornou-se um símbolo mundial de vitória contra esse sistema quando foi libertado de sua sentença de prisão perpétua. Mandela serviu como presidente da África do Sul de 1994 a 1999.

Nelson Mandela nasceu na família real dos Tembu, um povo de língua Xhosa, em 18 de julho de 1918, perto de Umtata, na região de Transkei, na África do Sul. Ele foi originalmente chamado Rolihlahla Mandela; um de seus professores lhe deu o nome inglês Nelson. Em parte para evitar um casamento arranjado, Mandela renunciou ao seu direito de tornar-se chefe dos Tembu e deixou sua aldeia.

Mandela estudou no Colégio Universitário de Fort Hare, mas foi suspenso em 1940 junto com Oliver Tambo por ter participado de um protesto estudantil. Ele obteve o bacharelado da Universidade da África do Sul em 1941 e começou a estudar Direito. Em 1952, ele e Tambo abriram o primeiro escritório de advocacia de propriedade negra na África do Sul.

Em 1944 Mandela juntou-se a uma organização de liberdade negra chamada Congresso Nacional Africano (ANC) e ajudou a fundar sua influente Liga da Juventude. Mandela rapidamente ascendeu a uma posição de liderança no ANC, tornando-se membro de seu Comitê Executivo Nacional em 1949.

A primeira pena de prisão de Nelson Mandela, que foi suspensa, foi por ajudar a liderar a Campanha Defiance do ANC de 1952, na qual milhares de voluntários violaram pacificamente as leis do apartheid. Junto com muitos outros líderes do ANC, Mandela foi preso e julgado por traição em 1956. Após um longo julgamento, ele foi absolvido em 1961. Mandela divorciou-se de sua primeira esposa e casou-se com Nomzamo Winnie Madikizela (Winnie Mandela) em 1958 (eles se divorciaram em 1996).

Os protestos anti-apartheid do ANC haviam sido, no início, totalmente não-violentos. Em 1960, no entanto, depois que a polícia atirou em mais de 200 manifestantes negros desarmados em Sharpeville e o governo proibiu o ANC, Mandela começou a defender atos de sabotagem. Ele ajudou a fundar uma ala militar do ANC, chamada Umkhonto we Sizwe (Lança da Nação), e se tornou um fugitivo.

Em 1962 Nelson Mandela foi pego e condenado a cinco anos de prisão. Um ano depois, enquanto ainda estava cumprindo essa pena, foi julgado por sabotagem, traição e conspiração violenta, e em 1964 foi condenado a prisão perpétua. Mandela foi mantido na prisão de Robben Island, fora da Cidade do Cabo, até 1982, quando foi transferido para a prisão de segurança máxima da Pollsmoor. Winnie Mandela liderou uma campanha para libertá-lo, que ganhou um vasto apoio tanto da população negra da África do Sul quanto da comunidade internacional que condenou o apartheid. Mandela foi libertado em 11 de fevereiro de 1990, pela administração do Presidente F.W. de Klerk.

Uma vez libertado, Mandela continuou com vigor o trabalho de acabar com o apartheid. Ele se tornou vice-presidente do ANC em março de 1990 e seu presidente em julho de 1991. Naquele cargo, ele negociou acordos de marco com de Klerk para a transformação pacífica da África do Sul em uma democracia de maioria. Mandela e de Klerk compartilharam o Prêmio Nobel da Paz de 1993 por suas realizações.

Junto com milhões de outros sul-africanos negros, Mandela votou pela primeira vez nas eleições que o levaram ao poder em abril de 1994. Durante sua presidência, Mandela concentrou-se em melhorar o nível de vida da população negra do país, enquanto defendia a reconciliação pacífica com a população branca. Em 1995 ele criou a Comissão de Verdade e Reconciliação (TRC) para investigar as violações dos direitos humanos cometidas durante a era do apartheid.

Mandela assinou uma nova constituição democrática em 1996. No ano seguinte, ele renunciou ao seu cargo no ANC. Mandela se aposentou da política ativa em 1999, após seu mandato como presidente do país ter terminado. Mandela casou-se com Graça Machel, a viúva do ex-presidente de Moçambique Samora Machel, em 1998.

Os escritos e discursos de Nelson Mandela foram coletados em No Easy Walk to Freedom (1965), I Am Prepared to Die, 4th rev. ed. (1979), e The Struggle Is My Life, 3rd ed. (1979), e The Struggle Is My Life, 3rd ed. (1979). (1990). Sua autobiografia, Longa Caminhada para a Liberdade, foi publicada em 1994. Mandela morreu em 5 de dezembro de 2013, em Johannesburg, África do Sul.

Destaques

- Nelson Mandela, em pleno Nelson Rolihlahla Mandela, byname Madiba, foi um nacionalista negro e o primeiro presidente negro da África do Sul (1994-1999).

- Em abril de 1994 o ANC liderado por Mandela ganhou as primeiras eleições na África do Sul por sufrágio universal, e em 10 de maio Mandela foi empossado como presidente do primeiro governo multiétnico do país.
- Em 11 de fevereiro de 1990, o governo sul-africano sob a presidência de Klerk libertou Mandela da prisão.
- Mandela e de Klerk receberam conjuntamente o Prêmio Nobel da Paz em 1993 por seus esforços.

Questões de pesquisa

---

1. Qual das qualidades de Mandela você achou mais inspiradora?
2. Como a pena de prisão de Mandela o fez sentir?
3. Como ele passou todo seu tempo na prisão?
4. Qual é sua citação ou lição moral favorita de Nelson Mandela que mais ressoou com você e como isso mudou a forma como você vive a vida hoje?

Ahmed Sekou Touré (1922-1984)

Primeiro presidente da Guiné

"Preferimos a pobreza na liberdade do que as riquezas na escravidão".

Quando a Guiné se tornou o primeiro estado africano independente de língua francesa em 2 de outubro de 1958, seu primeiro presidente foi Ahmed Sékou Touré. Ele permaneceu no cargo até sua morte, em 26 de março de 1984, durante uma cirurgia cardíaca em um hospital de Cleveland, Ohio. Uma semana depois, a ditadura que ele havia estabelecido foi derrubada em um golpe militar liderado pelo Coronel Lansana Conté.

Touré nasceu em Faranah, Guiné, em 9 de janeiro de 1922. Já rebelde, ele foi expulso da escola em Conakry em 1936 por liderar um motim alimentar. Em 1941 ele estava trabalhando para o serviço postal, onde se interessou muito pelo movimento trabalhista. Ele organizou a primeira greve trabalhista bem sucedida na África Ocidental francesa.

Ele se tornou ativo na política em 1946. Em 1951 Touré foi eleito para a Assembléia Nacional Francesa, mas não foi autorizado a tomar posse e também foi barrado após a reeleição em 1954. Ele foi autorizado a tomar posse em 1956, e em 1957 ele foi vice-presidente do Conselho Executivo da Guiné. Nesse cargo, ele liderou a bem-sucedida campanha pela independência da França.

Quando os franceses partiram, a Guiné foi ameaçada de ruptura econômica. Touré aceitou ajuda das nações do bloco soviético e do Ocidente. Moderado na política externa, ele estabeleceu políticas duras em casa e restringiu severamente as forças de oposição dentro do país. Ele foi reeleito repetidamente sem oposição.

Apesar de suas duras políticas internas, Ahmed Sékou Touré foi visto na política internacional como um líder islâmico moderado. Em 1982, Touré liderou a delegação enviada pela Organização da Conferência Islâmica para mediar a Guerra Irã-Iraque; ele também foi membro da Organização para a Unidade Africana (OAU). Touré morreu em 26 de março de 1984, em Cleveland, Ohio.

Destaques

- Sékou Touré, em pleno Ahmed Sékou Touré foi o primeiro presidente da República da Guiné (1958-1984) e um dos principais políticos africanos.
- Apesar de suas duras políticas internas, Touré foi visto na política internacional como um líder islâmico moderado.
- Em 1982 ele liderou a delegação enviada pela Organização da Conferência Islãmic para mediar a Guerra Irão-Iraque; ele também foi membro da Organização de Unidade Africana (OAU).

Questões de pesquisa

---

1. Como Ahmed Sekou Touré o inspira?

2. O que ele fez para ajudar a criar uma Guiné independente?
3. O que você pensa sobre o país da Guiné?

Kofi Annan (1938-2018)

Secretária-Geral das Nações Unidas

"A educação é um direito humano com imenso poder de transformação. Em seus fundamentos repousam as pedras angulares da liberdade, da democracia e do desenvolvimento humano sustentável".

O primeiro africano negro a ocupar o cargo de secretário-geral das Nações Unidas (ONU) foi Kofi Annan. O diplomata de carreira falava vários idiomas africanos, inglês e francês e era muito respeitado na comunidade internacional. Ele ganhou o Prêmio Nobel da Paz em 2001.

Kofi Atta Annan nasceu em Kumasi, Costa de Ouro (hoje Gana), em 8 de abril de 1938, para Henry e Victoria Annan. Sua família veio da costa do cabo no Oceano Atlântico, mas Annan passou a maior parte de sua infância na cidade do interior de Bekwai. Seu pai foi o governador eleito da província de Ashanti e era um chefe do povo Fante.

O mais jovem Annan estudou na Universidade de Ciência e Tecnologia em Kumasi e ganhou uma bolsa da Fundação Ford que lhe permitiu estudar nos Estados Unidos no Macalester College em Minnesota. Enquanto estudava economia lá, em 1960, Kofi Annan ganhou o concurso de oratória do estado de Minnesota. Ele recebeu um certificado de pós-graduação em economia do Institute for Advanced International Studies em Genebra, Suíça.

De 1962 a 1971, Annan trabalhou para a ONU como oficial de administração e orçamento com a Organização Mundial da Saúde em Genebra. Ele recebeu um mestrado em administração do Instituto de Tecnologia de Massachusetts em 1972, onde foi um bolsista do Alfred P. Sloan. De 1974 a 1976, Annan foi diretor administrativo da Companhia de Desenvolvimento Turístico de Gana. Esses foram seus únicos anos longe da ONU.

A carreira de Annan até o leme da ONU progrediu de trabalhos cotidianos como assistente de secretário-geral de planejamento de programas, orçamento e finanças, para chefe de recursos humanos e coordenador de segurança, diretor do orçamento, chefe de pessoal para o alto comissário para refugiados e oficial administrativo para a Comissão Econômica para a África.

Quando o Iraque invadiu o Kuwait em 1990, Annan foi responsável pela retirada de centenas de milhares de trabalhadores asiáticos do Kuwait. Ele foi o responsável pelas operações de manutenção da paz da ONU como subsecretário a partir de março de 1993. Annan também serviu como representante especial da ONU para a ex-Jugoslávia. Kofi Annan foi amplamente elogiado por sua diplomacia na implementação do acordo entre sérvios bósnios, muçulmanos e croatas. Annan também liderou operações de manutenção da paz no Burundi, Somália e Zaire (hoje República Democrática do Congo).

Após quase quatro décadas de serviço às Nações Unidas, Annan foi designada para liderar a organização, marcando a primeira vez que um secretário-geral foi eleito das fileiras do pessoal da ONU. Ele sucedeu Boutros Boutros-Ghali em dezembro de 1996 como sétimo secretário-geral permanente da ONU, após um período de nomeação contenciosa durante o qual os Estados Unidos foi o único país membro a se posicionar contra a reeleição de Boutros-Ghali.

Kofi Annan rapidamente obteve o apoio do Conselho de Segurança depois que três outros candidatos africanos em consideração retiraram seus nomes da lista de candidatos, na esperança de construir um consenso para um secretário-geral da África. Annan foi eleito por aclamação e imediatamente começou a trabalhar em um plano de reforma a ser instituído em 1997.

A visão de Annan para a ONU incluía a manutenção da paz e o estabelecimento de normas de direito internacional, com ênfase nos valores de igualdade, tolerância e dignidade humana mandatados pela Carta da ONU. Ele trouxe um compromisso profundo para uma ONU mais eficiente e enxuta e uma defesa inabalável dos direitos humanos universais. Um de seus primeiros desafios como secretário-geral foi convencer os Estados Unidos a começar a pagar os 1,4 bilhões de dólares em dívidas atrasadas que o país devia. Annan considerou a luta contra o HIV/AIDS uma prioridade pessoal, e pediu a criação de um fundo global para ajudar a aumentar o fluxo de dinheiro para a assistência médica nos países em desenvolvimento.

Annan usou sua influência em várias situações políticas. Entre elas estavam seus esforços para convencer o Iraque a cumprir as decisões do Conselho de Segurança e seu papel na efetivação da transição para um governo civil na Nigéria. Em 1999, Annan facilitou uma resposta internacional à violência generalizada no Timor Leste. Não contente em se concentrar apenas nos direitos dos cidadãos do mundo inteiro, Annan também tentou melhorar a posição das mulheres que trabalhavam no Secretariado da ONU, e começou a construir relações mais fortes com organizações não-governamentais.

Em junho de 2001, Kofi Annan foi reeleito por unanimidade para um segundo mandato como secretário-geral. Mais tarde naquele ano, o comitê Nobel concedeu o Prêmio Nobel da Paz conjuntamente a Annan e à ONU no que foi o 100º aniversário do venerável prêmio.

Em 2005 Annan esteve no centro da controvérsia após uma investigação sobre o programa óleo por alimentos. Esse programa havia permitido ao Iraque - sob supervisão da ONU - vender uma quantidade definida de petróleo para comprar alimentos, remédios e outras necessidades. Um relatório descreveu uma grande corrupção dentro do programa e revelou que o filho de Annan fazia parte de um negócio suíço que havia ganho um contrato de óleo por alimentos. Apesar de Annan ter sido ilibado de irregularidades, ele foi criticado por sua falha em supervisionar adequadamente o programa. O segundo mandato de Kofi Annan liderando a ONU terminou em 2006.

Em 2007, Kofi Annan foi nomeado presidente da Aliança para uma Revolução Verde na África, uma organização que ajuda os pequenos agricultores. Nesse mesmo ano ele fundou a Fundação Kofi Annan, uma organização sem fins lucrativos que promove a paz, o desenvolvimento sustentável, os direitos humanos e o Estado de Direito.

Kofi Annan continuou a desempenhar um papel na diplomacia internacional. Ele ajudou a resolver a crise eleitoral queniana que começou no final de 2007, eventualmente intermediando um acordo de poder compartilhado entre o governo e a oposição em fevereiro de 2008. Em 2012, Annan serviu como Enviado Especial Conjunto para a Síria, que foi destruída pela guerra civil, mas Annan foi incapaz de resolver o conflito.

Kofi Annan foi co-autor de uma série de trabalhos. Suas intervenções de memórias: Uma Vida em Guerra e Paz (cowritten com Nader Mousavizadeh) foi publicado em 2012. Annan morreu em 18 de agosto de 2018, em Berna, Suíça.

Destaques

- Kofi Annan, em pleno Kofi Atta Annan era um funcionário público internacional ganense, que foi o secretário-geral das Nações Unidas (ONU) de 1997 a 2006.
- Ele desempenhou um papel crucial na resolução da crise eleitoral queniana que começou no final de dezembro de 2007, eventualmente intermediando um acordo de poder compartilhado entre o governo e a oposição em 28 de fevereiro de 2008.
- Em 2007 ele fundou a Fundação Kofi Annan, uma organização sem fins lucrativos que promove a paz, o desenvolvimento sustentável, os direitos humanos e o Estado de Direito.

- Em fevereiro de 2012 Annan foi nomeado Enviado Especial Conjunto para a Síria pelas Nações Unidas e pela Liga dos Estados Árabes.

Questões de pesquisa

---

1. O que você aprendeu sobre a Kofi?
2. Você acha que ele já duvidou de si mesmo enquanto fazia este trabalho?
3. Como o trabalho de seu pai com a política ganense influenciou sua visão sobre a vida e as decisões de carreira que ele tomou mais tarde na vida, como tornar-se Secretário-Geral da ONU ou ser contra sancionar o Iraque?

Albert John Luthuli (1898-1967)

Professor, ativista, ganhador do Prêmio Nobel da Paz e político sul-africano

"Você tem que aprender as regras do jogo. E então você tem que jogar melhor do que qualquer outro".

Por seus esforços em fazer uma campanha não-violenta contra a discriminação racial na África do Sul, Albert Luthuli tornou-se em 1960 o primeiro africano a receber o Prêmio Nobel da Paz. Ironicamente, a política de não-violência foi abandonada por alguns sul-africanos dentro de um mês após sua aceitação do prêmio em 1961.

Albert John Mvumbi Luthuli, membro da tribo zulu de Natal, nasceu em 1898 na Rodésia (atual Zimbábue), onde seu pai estava servindo como intérprete missionário. Quando Albert tinha 10 anos, ele se mudou para a África do Sul após a morte de seu pai e aprendeu as tradições zulu.

Albert Luthuli foi educado em uma escola de formação de professores perto de Durban. Após a formatura ele se tornou um dos três primeiros instrutores africanos da escola. Em 1936, Luthuli deixou o ensino quando foi eleito chefe da comunidade zulu em Groutville. Embora ele governasse uma terra atormentada pela pobreza e pela fome, ele ainda não estava consciente da necessidade de ação política para resolver os problemas de seu povo.

Foi somente em 1945 que Luthuli aderiu a uma organização política ativa, o Congresso Nacional Africano. Um ano mais tarde, Luthuli foi eleito para o Conselho de Representantes dos Nativos. A violência do exército e da polícia contra os mineiros africanos em greve provocou seu primeiro protesto político. Em 1948 o partido nacionalista Afrikaner chegou ao poder, determinado a impor uma política de apartheid, ou separação racial.

Nesta época, Luthuli foi eleito presidente do Congresso Nacional Africano de Natal. Sua oposição à segregação levou-o a exigir que renunciasse ao seu cargo ou se demitisse de seu cargo de chefe zulu. Ele se recusou e foi deposto como chefe em 1952, no mesmo ano em que se tornou presidente geral do Congresso Nacional Africano.

Por causa de seu ativismo, Albert Luthuli e muitos outros foram presos e julgados por traição em 1956. Luthuli não foi condenado, mas o governo proibiu suas atividades e o confinou ao seu bairro. Após receber o prêmio Nobel, ele se aposentou da vida política e viveu em isolamento forçado. Albert Luthuli morreu quando ele foi atingido por um trem em 21 de julho de 1967.

Destaques

- Albert John Luthuli foi o primeiro africano a receber um Prêmio Nobel da Paz (1960), em reconhecimento a sua luta não violenta contra a discriminação racial.

- Em dezembro de 1956, Luthuli e 155 outros foram dramaticamente reunidos e acusados de alta traição.
- Seu longo julgamento não conseguiu provar traição, uma conspiração comunista, ou violência, e em 1957 ele foi libertado.

Questões de pesquisa

---

1. Qual seria a maior conquista do Sr. Luthuli?
2. Qual é sua palestra favorita de Albert Luthuli?
3. Por que você acha que ele acreditava tão fortemente na justiça para todas as pessoas, negras ou brancas?

Martin Luther King Jr. (1929-1968)

Líder religioso americano e ativista dos direitos civis

"Um dia aprenderemos que o coração nunca pode estar totalmente certo quando a cabeça está totalmente errada".

Martin Luther King Jr. era um ministro batista americano e ativista social. Inspirado pela crença de que o amor e o protesto pacífico poderiam eliminar a injustiça social, ele liderou o movimento americano dos direitos civis dos anos 50 e 60. King organizou protestos em massa contra a discriminação racial e falou contra a pobreza e a guerra. Um campeão da resistência não violenta à opressão, Martin Luther King Jr. foi agraciado com o Prêmio Nobel da Paz em 1964.

A liderança do rei foi um fator chave para o sucesso do movimento de direitos civis. Antes do movimento, era legal e comum que os afro-americanos no Sul e em outras partes dos Estados Unidos fossem proibidos de utilizar as mesmas instalações públicas que os brancos. Negros nessas áreas geralmente não podiam freqüentar as mesmas escolas, restaurantes ou banheiros públicos que os brancos, por exemplo. Em ônibus e trens, eles poderiam andar apenas em determinadas seções.

Martin Luther King, Jr. liderou muitos protestos contra essa separação racial forçada, ou segregação. Uma das maiores conquistas do movimento de direitos civis foi tornar ilegal a segregação. Outra foi a aprovação de novas leis que proibiam a discriminação.

Martin Luther King Jr., nasceu em Atlanta, Geórgia, em 15 de janeiro de 1929. Seu pai, Martin, Sr., era pastor da Igreja Batista Ebenezer, uma congregação negra. Sua mãe, Alberta Williams King, era professora. Martin tinha uma irmã mais velha, Christine, e um irmão mais novo, Alfred Daniel.

O rei encontrou o racismo em tenra idade. Quando ele tinha seis anos, sua amizade com dois companheiros de brincadeira brancos foi cortada por seus pais. King nunca esqueceu este incidente.

Um aluno brilhante, King foi admitido na Morehouse College aos 15 anos de idade, sem ter concluído o ensino médio. Antes de começar a faculdade, no entanto, King passou o verão em uma fazenda de tabaco em Connecticut. Ele ficou chocado com o quão pacificamente as raças se misturavam no Norte.

Martin Luther King Jr. escreveu a seus pais sobre como negros e brancos freqüentavam as mesmas igrejas e restaurantes, observando "Eu nunca [pensei] que uma pessoa da minha raça pudesse comer em qualquer lugar". Esta experiência aprofundou o ódio crescente de King pela segregação racial.

King decidiu tornar-se ministro e aos 18 anos de idade foi ordenado na igreja de seu pai. Após formar-se em Morehouse em 1948, ele entrou no

Seminário Teológico Crozer em Chester, Pennsylvania. Famoso por sua habilidade de falar em público, King foi eleito presidente do corpo estudantil de Crozer, que era composto quase inteiramente de estudantes brancos.

King foi o vencedor de sua classe em 1951 e ganhou uma bolsa de estudos de pós-graduação. Na Universidade de Boston ele recebeu um Ph.D. em teologia em 1955. Em Boston, King conheceu Coretta Scott. Eles se casaram em 1953 e tiveram quatro filhos: Yolanda Denise, Martin Luther III, Dexter Scott, e Bernice Albertine.

King tinha ficado impressionado com os ensinamentos de Henry David Thoreau e Mahatma Gandhi sobre resistência não-violenta. King escreveu: "Eu vim a sentir que este era o único método moralmente e praticamente sadio aberto às pessoas oprimidas em sua luta pela liberdade". Martin Luther King, Jr. tornou-se pastor da Igreja Batista da Avenida Dexter em Montgomery, Alabama, em 1954.

Em dezembro de 1955, King foi escolhido para dirigir a Montgomery Improvement Association, formada pela comunidade negra para liderar um boicote aos ônibus urbanos segregados. O boicote surgiu depois que uma mulher negra chamada Rosa Parks recusou-se a ceder seu assento de ônibus a um homem branco. Essa ação foi contra a lei local, e Parks foi preso.

Em resposta, Martin Luther King, Jr. liderou o boicote aos ônibus Montgomery. Durante o boicote, as pessoas protestaram contra a segregação, recusando-se a andar nos ônibus da cidade. A campanha durou mais de um ano. Durante esse período, a casa do King foi bombardeada. Entretanto, ele persuadiu seus seguidores a permanecerem não-violentos apesar das ameaças às suas vidas e propriedades. No final de 1956, a Suprema Corte dos EUA decidiu que a segregação nos ônibus era inconstitucional. Em conseqüência, os ônibus foram desagregados.

O sucesso em Montgomery inspirou outras comunidades afro-americanas no Sul a protestar contra a discriminação racial. King acreditava que o boicote provou que "há um novo negro no Sul, com um novo senso de dignidade e destino". Por seu papel na liderança do boicote, a Associação

Nacional para o Progresso das Pessoas de Cor (NAACP) concedeu-lhe a Medalha Spingarn em 1957.

Em 1957 King e outros ativistas, notadamente Bayard Rustin, estabeleceram um grupo mais tarde conhecido como a Conferência de Liderança Cristã do Sul (SCLC). Ele foi formado para ajudar organizações locais a realizar atividades de direitos civis no Sul. Como líder da SCLC, King inspirou Negros em todo o Sul a realizar manifestações pacíficas e outros protestos contra a segregação.

Uma visita à Índia em 1959 deu ao Rei uma oportunidade muito esperada para estudar as técnicas de protesto não violento de Gandhi. Em 1960, King tornou-se co-pastor da igreja de seu pai em Atlanta. No ano seguinte, ele liderou um "exército não violento" para protestar contra a discriminação em Albany, Geórgia.

Martin Luther King Jr. foi preso em 1963 durante uma campanha bem-sucedida para conseguir a dessegregação de muitas instalações públicas em Birmingham, Alabama. Em um apelo comovente, conhecido como a "Carta da Cadeia de Birmingham", ele respondeu a vários clérigos brancos que sentiram que seus esforços não foram cronometrados. King argumentou que os países asiáticos e africanos estavam rapidamente alcançando a independência política enquanto "ainda nos arrastamos a um ritmo de cavalo e bêbado para ganhar uma xícara de café em um balcão de almoço". Na carta, King expôs sua filosofia de não-violência:

Você pode muito bem perguntar: "Por que agir diretamente? Por que assistir a reuniões, marchas e assim por diante? A negociação não é um caminho melhor?" Você tem toda a razão em apelar para a negociação. De fato, este é o próprio objetivo da ação direta. A ação direta não violenta procura criar tal crise e fomentar tal tensão que uma comunidade que se recusa constantemente a negociar é forçada a enfrentar a questão.

Perto do final da campanha de Birmingham, King juntou-se a outros líderes de direitos civis na organização da histórica Marcha em Washington. Mais de 200.000 pessoas participaram da manifestação, que se realizou em 28 de agosto de 1963. Eles se reuniram pacificamente perto do Lincoln Memorial, em Washington, D.C., para exigir justiça igual para todos os cidadãos sob a lei. Líderes proeminentes dos direitos civis fizeram discursos, e o mais memorável foi o do Rei. A multidão foi elevada por seu agora famoso discurso "Eu tenho um sonho".

Neste discurso, ele expressou sua fé de que todos os homens, um dia, seriam irmãos. Ele vinculou as esperanças dos afro-americanos de igualdade de direitos com os valores políticos tradicionais americanos. King disse que a Declaração de Independência e a Constituição incluíam "uma nota promissória" garantindo a todos os americanos "os direitos inalienáveis da vida, da liberdade e da busca da felicidade".

Um dos objetivos da Marcha em Washington era mostrar e inspirar apoio à legislação importante de direitos civis sendo considerada no Congresso. Como o Rei esperava, a marcha teve um forte efeito sobre a opinião nacional e resultou na aprovação da Lei de Direitos Civis de 1964. A lei proibia muitos tipos de discriminação, inclusive em instalações públicas e no emprego.

Mais tarde, em 1964, Martin Luther King, Jr. tornou-se o mais jovem ganhador do Prêmio Nobel da Paz até aquela data. Ele considerou-o não apenas como uma honra pessoal, mas também como um tributo internacional ao movimento de direitos civis não violentos.

Em 1965, King liderou uma campanha para registrar eleitores negros em Selma, Alabama. A campanha encontrou uma resistência violenta. Em protesto contra esse tratamento, milhares de manifestantes realizaram uma marcha de cinco dias de Selma até a capital, em Montgomery.

King ficou desapontado que o progresso dos direitos civis no Sul não tivesse sido igualado por melhorias na vida dos negros do Norte. Em resposta aos tumultos nos bairros urbanos negros pobres de 1965, ele estava determinado a concentrar a atenção do país nas condições de vida dos negros nas cidades do Norte.

Em 1966 Martin Luther King, Jr. estabeleceu uma sede em um apartamento em Chicago, Illinois, favela. A partir desta base, ele organizou protestos contra a discriminação da cidade em matéria de moradia e emprego.

King combinou suas campanhas de direitos civis com uma forte posição contra a Guerra do Vietnã. Ele acreditava que o dinheiro e o esforço gastos na guerra poderiam ser usados para combater a pobreza e a discriminação. Ele achava que seria um hipócrita se protestasse contra a violência racial sem também condenar a violência da guerra. Os líderes negros militantes começaram a atacar seus apelos à não-violência. Eles o acusaram de ser muito influenciado pelos brancos. Funcionários do governo criticaram sua posição sobre o Vietnã. Alguns líderes negros sentiram que as declarações do rei contra a guerra desviaram a atenção pública dos direitos civis.

King inspirou e planejou a Campanha dos Pobres, uma marcha em Washington, D.C., em 1968, para dramatizar a relação da pobreza com a violência urbana. Mas ele não viveu para participar dela. No início de 1968, ele viajou para Memphis, Tennessee, para apoiar uma greve de trabalhadores de saneamento mal pagos. Lá, em 4 de abril, Martin Luther King Jr. foi assassinado por um franco-atirador, James Earl Ray. A morte de King chocou o país e precipitou tumultos por parte de negros em muitas cidades.

Martin Luther King Jr. foi enterrado em Atlanta sob um monumento inscrito com as palavras finais de seu discurso "Eu tenho um sonho". Extraída de uma antiga canção de escravos, a inscrição foi lida: "Livre por fim, / Livre por fim, / Graças a Deus Todo-Poderoso, / Eu sou Livre por fim".

A breve carreira do Rei fez avançar muito a causa dos direitos civis nos Estados Unidos. Seus esforços estimularam a aprovação da Lei dos Direitos Civis de 1964 e da Lei dos Direitos de Voto de 1965. Sua personalidade enérgica e oratória persuasiva ajudou a unir muitos negros na busca de soluções pacíficas para a opressão racial. Embora os pontos de vista do Rei tenham sido desafiados por Negros que haviam perdido a fé na não-violência, sua crença no poder do protesto não-violento permaneceu forte. Seus escritos incluem Stride Toward Freedom: the Montgomery Story (1958); Strength to Love (1963); Why We Can't Wait (1964); e Where Do We Go From Here: Caos ou Comunidade? (1967).

Em 1977, King foi condecorado postumamente com a Medalha Presidencial da Liberdade por sua batalha contra o preconceito. Em 1983 o Congresso dos Estados Unidos estabeleceu um feriado nacional, Martin Luther King, Jr., Dia, em sua homenagem, a ser comemorado anualmente na terceira segunda-feira de janeiro. O feriado foi comemorado pela primeira vez em 1986. Um memorial nacional em homenagem a King foi aberto em Washington, D.C., em 2011.

Destaques

- Martin Luther King, Jr., nome original Michael King, Jr., foi um ministro batista e ativista social que liderou o movimento de direitos civis nos Estados Unidos desde meados dos anos 50 até sua morte por assassinato em 1968.
- Sua liderança foi fundamental para o sucesso desse movimento em acabar com a segregação legal dos afro-americanos no Sul e em outras partes dos Estados Unidos.
- Reconhecendo que ativistas de base como Rosa Parks, Fred Shuttlesworth e outros prepararam o caminho para a ascensão do Rei à proeminência nacional, biógrafos e historiadores questionaram a opinião de que os movimentos de protesto dos Negros do Sul dependiam da orientação carismática do Rei.

Questões de pesquisa

---

1. Você já teve um dia de folga MLK na escola?
2. Qual é o legado de Martin Luther King Jr. nos Estados Unidos?
3. O sonho da MLK ainda permanece por realizar? (Mesmo depois dos movimentos de direitos humanos)
4. E quanto às pessoas que não o aceitaram como herói; como você se sente com essas pessoas?
5. Como suas palavras ainda podem ser relevantes na sociedade de hoje?

James Farmer (1920-1999)

Líder dos direitos civis

"Fazemos o que temos que fazer para que possamos fazer o que queremos".

James Farmer liderou o Congresso de Igualdade Racial (CORE) e introduziu os sit-ins não-violentos e os Freedom Rides que se tornaram símbolos do movimento de direitos civis do início dos anos 60. Seus esforços, juntamente com os de outros, levaram à aprovação da Lei de Direitos Civis e Leis de Direitos de Voto de 1964 e 1965.

James Leonard Farmer nasceu em 12 de janeiro de 1920, em Marshall, Texas. Ele cresceu em Holly Springs, Miss., onde seu pai ministro ensinava teologia no All-black Rust College. Agricultor estudou no Wiley College no Texas e na Howard University em Washington, D.C. Influenciado pelos métodos não violentos do líder indiano Mahatma Gandhi, ele ajudou a fundar a CORE em 1942.

Depois que o Sul desconsiderou a decisão da Suprema Corte dos Estados Unidos de 1946 afirmando que os assentos segregados em ônibus interestaduais eram inconstitucionais, CORE protestou com a primeira Freedom Ride na qual negros e brancos andavam juntos. Em maio de 1961, CORE encenou outro Freedom Ride. Os cavaleiros foram espancados e atacados por multidões. Somente depois que o Procurador Geral dos Estados Unidos, Robert Kennedy, ordenou que as autoridades estaduais fornecessem proteção, a cavalgada pôde ser concluída, após o que James Farmer passou 40 dias nas prisões do Mississippi.

Agricultor atuou como diretor nacional da CORE de 1961 a 1966, após o que concorreu ao Congresso dos Estados Unidos do Brooklyn, N.Y.; atuou como secretário adjunto do Departamento de Saúde, Educação e Bem-Estar Social; escreveu livros sobre trabalho e relações raciais; e lecionou em várias faculdades.

Em 1998, ele recebeu a Medalha Presidencial da Liberdade do Presidente Bill Clinton. James Farmer morreu em 9 de julho de 1999, em Fredericksburg, Va.

Destaques

- James Farmer, em pleno James Leonard Farmer, Jr., foi um ativista americano de direitos civis que, como líder do Congresso de Igualdade Racial (CORE), ajudou a moldar o movimento de direitos civis através de seu ativismo não-violento e da organização de sit-ins e Freedom Rides, o que ampliou o apoio popular para a aprovação dos atos de Direitos Civis e Direitos de Voto em meados dos anos 60.
- Ele renunciou à liderança da CORE em 1965, e em 1968 perdeu uma vaga na Câmara dos Deputados dos EUA para Shirley Chisholm.

- Em 1969-70 ele serviu como secretário adjunto de saúde, educação e bem-estar social sob a presidência de Richard M. Nixon.
- Em 1985 o Agricultor publicou sua autobiografia, Lay Bare the Heart, e em 1998 recebeu a Medalha Presidencial da Liberdade.

Questões de pesquisa

---

1. Qual é o seu detalhe favorito sobre James Farmer?
2. Como você acha que seria se ele ainda estivesse vivo hoje? O racismo ainda existiria na América? A pobreza seria tão proeminente de uma questão como é hoje?
3. Quem influenciou sua decisão de iniciar CORE?

Bob Marley (1945-1981)

Cantor e compositor jamaicano

"Quando uma porta está fechada, você não sabe, outra está aberta".

Com sua banda, os Wailers, o cantor e compositor jamaicano Bob Marley apresentou a música reggae a um público mundial. Sua destilação atenciosa e contínua das primeiras formas de ska, rock estável e reggae floresceu nos anos 70 em um híbrido eletrizante influenciado pelo rock que o tornou uma super estrela internacional.

Robert Nesta Marley nasceu em 6 de fevereiro de 1945, em Nine Miles, St. Ann, Jamaica O filho de um superintendente rural branco, Norval Sinclair Marley, e a filha negra de um escudeiro local (respeitado fazendeiro), o antigo Cedella Malcolm, Bob Marley permaneceria para sempre o produto único de mundos paralelos - sua visão poética do mundo foi moldada pelo campo, sua música pelas duras ruas do gueto de

West Kingston. Quando criança, Marley era conhecido por sua timidez, seu olhar assombroso e sua propensão para a leitura da palma da mão.

No início da adolescência, Marley vivia em um cortiço subsidiado pelo governo na cidade de Trench Town, uma favela desesperadamente pobre de West Kingston que muitas vezes era comparada a um esgoto a céu aberto. No início dos anos 60, enquanto um estudante servia como aprendiz de soldador (junto com o aspirante a cantor Desmond Dekker), Marley foi exposto ao ska, uma amálgama jamaicana de ritmo americano e blues e mento nativo (folk-calypso), que depois se apanhava comercialmente.

Bob Marley era fã de Fats Domino, o Moonglows, e do cantor pop Ricky Nelson, mas, quando sua grande chance chegou em 1961 para gravar com o produtor Leslie Kong, ele cortou "Judge Not", uma balada animada que tinha escrito com base em máximas rurais aprendidas com seu avô. Entre suas outras faixas iniciais estava "One Cup of Coffee", uma interpretação de um sucesso de 1961 do crooner rural texano Claude Gray.

Marley também formou um grupo vocal na Trench Town com amigos que mais tarde seriam conhecidos como Peter Tosh (nome original Winston Hubert MacIntosh) e Bunny Wailer (nome original Neville O'Reilly Livingston). O trio se chamou Wailers (porque, como Marley declarou, "Começamos a chorar"). Mais tarde, juntaram-se a eles o vocalista Junior Braithwaite e os cantores de apoio Beverly Kelso e Cherry Green.

Em dezembro de 1963, os Wailers cortaram "Simmer Down", uma canção de Marley que ele havia usado para ganhar um concurso de talentos em Kingston. Ao contrário da música mento lúdica que derivava dos alpendres dos hotéis turísticos locais ou do pop e do ritmo e blues filtrando para a Jamaica das estações de rádio americanas, "Simmer Down" era um hino urgente dos bairros de lata da classe inferior de Kingston. Um enorme sucesso noturno, desempenhou um papel importante na reformulação da agenda para o estrelato nos círculos musicais jamaicanos. Não era mais necessário papaguear os estilos dos artistas estrangeiros; era possível escrever canções cruas e intransigentes para e sobre o povo desprotegido das favelas das Índias Ocidentais.

Esta postura ousada transformou tanto Marley quanto sua nação insular, gerando os pobres urbanos com um orgulho que se tornaria uma fonte pronunciada de identidade (e um catalisador para a tensão relacionada à classe) na cultura jamaicana - como o faria a fé Rastafariana dos Wailers, um credo popular entre o povo empobrecido do Caribe.

Os Wailers se saíram bem na Jamaica durante meados dos anos 60 com seus registros de ska, e o material de reggae criado em 1969-71 com o produtor Lee Perry aumentou sua estatura. Assim que lançaram Catch a Fire no início dos anos 70 (o primeiro álbum de reggae concebido como mais do que uma simples compilação de singles), seu reggae com conteúdo único de rock conquistou uma audiência global. Também ganhou o carismático status de super estrela de Marley, o que gradualmente levou à dissolução do trio original, por volta de 1974.

Apesar da dissolução do grupo original, Marley continuou a orientar a banda Wailers através de uma série de álbuns potentes e atuais. A essa altura, Marley também era apoiada por um trio de vocalistas femininas que incluía sua esposa, Rita; ela, como muitos dos filhos de Marley, experimentou mais tarde seu próprio sucesso de gravação. Com canções eloqüentes como "No Woman No Cry", "Exodus", "Could You Be Loved", "Coming in from the Cold", "Jamming" e "Redemption Song", os álbuns mais marcantes de Marley incluíam Natty Dread (1974), Live! (1975), Rastaman Vibration (1976), Exodus (1977), Kaya (1978), Uprising (1980), e o Confronto Póstuma (1983).

Bob Marley também se apresentou como uma figura política e, em 1976, sobreviveu ao que se acreditava ter sido uma tentativa de assassinato por motivos políticos. Sua tentativa de intermediar uma trégua entre as facções políticas beligerantes da Jamaica levou-o, em abril de 1978, a liderar o concerto de paz "One Love". Em abril de 1981, o governo jamaicano concedeu a Marley a Ordem do Mérito. Ele morreu de câncer um mês depois, em 11 de maio de 1981, em Miami, Flórida.

Embora suas canções fossem algumas das músicas mais apreciadas e aclamadas pela crítica no cânone popular, Bob Marley era muito mais conhecido na morte do que na vida. A lenda (1984), uma retrospectiva de sua obra, tornou-se o álbum de reggae mais vendido em todos os tempos, com vendas internacionais de mais de 12 milhões de cópias.

Destaques

- Bob Marley, em pleno Robert Nesta Marley, era um cantor-compositor jamaicano, cuja destilação contínua de ska, rock steady e formas musicais reggae floresceu nos anos 70 em um híbrido eletrizante influenciado pelo rock que o tornou uma superestrela internacional.
- A tentativa de Marley de intermediar uma trégua entre as facções políticas beligerantes da Jamaica levou-o, em abril de 1978, a liderar o concerto de paz "One Love".
- Em abril de 1981, o governo jamaicano concedeu a Marley a Ordem de Mérito.
- A lenda (1984), uma retrospectiva de sua obra, tornou-se o álbum de reggae mais vendido em todos os tempos, com vendas internacionais de mais de 12 milhões de cópias.

Questões de pesquisa

---

1. Qual é sua canção favorita da Marley e por quê?
2. Se você pudesse mudar uma coisa sobre o mundo através da música deste homem, o que seria?
3. O que ele defendeu em seu tempo?

Seu Presente

Você tem um livro em suas mãos.

Não é um livro qualquer, é um livro de livros para a imprensa estudantil! Nós escrevemos sobre os heróis negros, a capacitação das mulheres, mitologia, filosofia, história, e outros assuntos interessantes!

Desde que você comprou um livro, queremos que você tenha outro de graça.

Tudo o que você precisa é um endereço de e-mail e a possibilidade de assinar nossa newsletter (o que significa que você pode cancelar a inscrição a qualquer momento).

Então, do que você está esperando? Inscreva-se hoje e reclame seu livro gratuito imediatamente! Tudo o que você precisa fazer é visitar o link abaixo e digitar seu endereço de e-mail. Você receberá o link para baixar a versão em PDF do livro imediatamente para que possa ser lido offline a qualquer momento.

E não se preocupe - não há taxas de captura ou escondidas; apenas um bom brinde à moda antiga de nós aqui na Student Press Books.

Visite este link agora mesmo e inscreva-se para receber seu exemplar gratuito de um de nossos livros!

Link: https://campsite.bio/studentpressbooks

Livros

Nossos livros estão disponíveis em todos os principais revendedores de livros on-line. Confira os pacotes digitais de nossos livros aqui: https://payhip.com/studentPressBooksPTBR

A série de livros História da Negritude

Bem-vindo à série de livros História da Negritude. Conheça negros que são exemplos de conduta com estas biografias inspiradoras sobre negros inovadores da América, África e Europa. Todos nós sabemos que a História da Negritude é importante, mas pode ser difícil encontrar boas fontes.

Muitos de nós estamos familiarizados com uma desconfiança habitual em relação aos livros de cultura e história que apenas apresentam personagens muito populares, mas estes livros também apresentam heróis negros menos conhecidos e heroínas do mundo inteiro cujas histórias merecem ser contadas. Estes livros de biografia o ajudarão a entender melhor como o sofrimento e as ações das pessoas moldaram seus países e comunidades para gerações futuras.

Títulos disponíveis:

1. 21 Heróis Negros Inspiradores: A vida de Realizadores Importantes do século 20: Martin Luther King Jr., Malcolm X, Bob Marley & Outros
2. 21 Heroínas Negras Excepcionais: História de Negras Importantes do Século 20: Daisy Bates, Maya Angelou & Outras

A série de livros Empoderamento Feminino.

Bem-vindo à série de livros Empoderamento Feminino. Aprenda sobre modelos femininos destemidos dos tempos modernos com estas biografias inspiradoras de homens e mulheres inovadoras do mundo inteiro. O empoderamento feminino é um tópico importante que merece mais atenção do que recebe. Durante séculos foi dito às mulheres que seu lugar é no lar, mas isto nunca foi verdade para todas as mulheres ou mesmo para a maioria delas.

As mulheres ainda estão sub representadas nos livros de história e as que são apresentadas tendem a ser relegadas a algumas páginas. No entanto, a história está repleta de histórias de mulheres fortes, inteligentes e independentes que superaram obstáculos e mudaram o curso da história simplesmente porque queriam viver suas próprias vidas.

Estes livros biográficos o inspirarão enquanto também ensinam lições valiosas sobre perseverança e superação de adversidades! Aprenda com estes exemplos que tudo é possível se você trabalhar duro o suficiente para isso!

Títulos disponíveis:

1. 21 Mulheres Excepcionais: A vida de Lutadores pela Liberdade e Rompedoras de Barreiras: Angela Davis, Marie Curie, Jane Goodall & Outras
2. 21 Mulheres Inspiradoras: A Vida de Mulheres Corajosas e Influentes do Século 20: Kamala Harris, Madre Teresa & Mais
3. 21 Mulheres Fantásticas: A Vida Inspiradora de Artistas Criativas do Século 20: Madonna, Yayoi Kusama & Mais
4. 21 Mulheres Incríveis: As Vidas Influentes de Mulheres Ousadas na Ciência do Século 20

A série de livros dos Líderes Mundiais.

Bem-vindo à série de livros dos Líderes Mundiais. Descubra os modelos de conduta reais e presidenciais do Reino Unido, EUA e outros países. Com estas biografias inspiradoras sobre as famílias reais, presidentes e chefes de estado você aprenderá sobre as pessoas corajosas que ousaram liderar, incluindo citações, fotos e fatos raros.

As pessoas são fascinadas pela história e pela política e por aqueles que a moldaram. Estes livros apresentam novas perspectivas sobre a vida de figuras notáveis. Esta série é perfeita para qualquer um que queira aprender mais sobre os grandes líderes de nosso mundo; jovens leitores ambiciosos e adultos que gostam de ler sobre pessoas interessantes.

Títulos disponíveis:

1. Os 11 Membros da Realeza Britânica: A Biografia da Casa de Windsor: Rainha Elizabeth II e Príncipe Philip, Harry e Meghan, e Outros
2. Os 46 Presidentes dos Estados Unidos: Suas Histórias, Conquistas e Legados: De George Washington a Joe Biden
3. Os 46 Presidentes dos Estados Unidos: Suas Histórias, Conquistas e Legados - Edição Estendida

A série de livros de Mitologia Cativante.

Bem-vindo à série de livros de Mitologia Cativante. Conheça os Deuses e Deusas do Egito e da Grécia, as divindades nórdicas e outras criaturas mitológicas.

Quem são estes antigos deuses e deusas? O que sabemos sobre eles? Quem realmente eram? Por que as pessoas os adoravam nos tempos antigos e de onde vinham esses deuses?

Estes livros apresentam novas perspectivas sobre os deuses antigos que inspirarão os leitores a compreender seu lugar na sociedade e aprender sobre a história. Estes livros de mitologia também abordam tópicos que a influenciaram a religião, literatura e arte, através de um formato envolvente com fotos ou ilustrações atraentes.

Títulos disponíveis:

1. Egito Antigo: Um Guia para os Misteriosos Deuses e Deusas Egípcias: Amun-Ra, Osiris, Anubis, Horus & Outros
2. Grécia Antiga: Um Guia dos Deuses Gregos Clássicos, Deusas, Deidades, Titãs e Heróis: Zeus, Poseidon, Apollo & Outros
3. Antigos Contos Nórdicos: Descubra os Deuses, Deusas e Gigantes dos Vikings: Odin, Loki, Thor, Freya & Outros

A série de livros de Teoria Simples.

Bem-vindo à série de livros Teoria Simples. Conheça a Filosofia, as ideias de filósofos antigos e outras teorias interessantes. Estes livros apresentam as biografias e ideias dos filósofos mais populares de lugares como a Grécia antiga e a China.

A filosofia é um assunto complexo e muitas pessoas lutam para entender até mesmo o básico dela. Estes livros são projetados para ajudá-lo a aprender mais sobre filosofia e são originais por causa de sua abordagem simples. Nunca foi tão fácil ou mais divertido obter uma maior compreensão da filosofia do que com estes livros. Além disso, cada livro também inclui perguntas para que você possa se aprofundar em seus próprios pensamentos e opiniões!

Títulos disponíveis:

1. Filosofia Grega: As Vidas e Ideias dos Filósofos da Grécia Antiga : Sócrates, Platão, Pitágoras e outros
2. Ética e Moralidade: Filosofia Moral, Bioética, Desafios Médicos e Filósofos Afins

A série de livros "Empoderamento de Jovens Empreendedores".

Bem-vindo à série de livros "Empoderamento de Jovens Empreendedores". Nunca é cedo demais para jovens ambiciosos iniciarem suas carreiras! Quer você seja um indivíduo de espírito empresarial tentando construir seu próprio império, quer seja um aspirante a empresário começando um longo e sinuoso caminho, estes livros o inspirarão com as histórias de empresários de sucesso.

Aprenda sobre suas vidas e seus fracassos e sucessos que farão você querer ter o controle de sua vida em vez de simplesmente vivê-la!

Títulos disponíveis:

1. 21 Empreendedores Bem-sucedidos: As vidas de realizadores importantes do século 20: Elon Musk, Steve Jobs e Outros
2. 21 Empreendedores Revolucionários: As vidas de empresários incríveis do século 19: Henry Ford, Thomas Edison e outros

A série de livros História Fácil.

Bem-vindo à série de livros História Fácil. Explore vários assuntos históricos desde a idade da pedra até os tempos modernos, mais as ideias e pessoas influentes que viveram ao longo dos tempos.

Estes livros são uma ótima maneira de entusiasmá-lo com a história. As pessoas são muitas vezes desligadas de livros com textos secos e chatos, mas elas adoram histórias de pessoas comuns que fizeram a diferença no mundo. Estes livros lhe dão essa oportunidade enquanto ainda lhe dão informações históricas importantes.

Títulos disponíveis:

1. Primeira Guerra Mundial: A Primeira Guerra Mundial, suas Grandes Batalhas e o Povo e as Forças Envolvidas
2. Segunda Guerra Mundial: A História da Segunda Guerra Mundial, Hitler, Mussolini, Churchill e outros personagens-chave envolvidos
3. O Holocausto: Os nazistas, a Ascensão do antissemitismo, Kristallnacht e os Campos de Concentração Auschwitz & Bergen-Belsen
4. A Revolução Francesa: O Antigo Regime, Napoleão Bonaparte, e as Guerras Revolucionária Francesa, Napoleônica e de Vendée

Nossos livros estão disponíveis em todos os principais revendedores de livros on-line. Confira os pacotes digitais de nossos livros aqui: https://payhip.com/studentPressBooksPTBR

Conclusão

Esperamos que tenham gostado de ler sobre esses 21 homens negros inspiradores do século 20. Desde Martin Luther King a Jackie Robinson, estes indivíduos são uma inspiração e esperamos que você tenha aprendido algo novo!

Você leu sobre como esses ícones superaram as adversidades através da educação e do trabalho duro ao mesmo tempo em que causaram enormes impactos ao longo do caminho. Algum desses heróis negros lhe inspiraram?

As 21 histórias fascinantes deste livro não são apenas sobre as realizações destes homens negros, mas também sobre suas vidas. Muitos enfrentaram as adversidades do caminho para alcançar o que queriam e poder fazer retribuições à sociedade. Eles travaram algumas lutas difíceis, mas valeu a pena todo o esforço ao se perceber o quanto eles conseguiram!

Esperamos que você tenha aprendido muito com este livro. Releia-o a qualquer momento!

Você já leu este conteúdo educacional? O que você achou? Deixe sua opinião fazendo uma bela resenha deste livro!

Nós amaríamos isso, então, não se esqueça de escrever uma!

www.ingramcontent.com/pod-product-compliance
Ingram Content Group UK Ltd.
Pitfield, Milton Keynes, MK11 3LW, UK
UKHW022014190726
13853UKWH00005B/1930

9 789493 258433